UniScripta Taschenbuch

FRANKFURTER KULTURBEUTE(L)

Geschichten und Erzählungen

UniScripta Verlag
www.uniscripta.de

Zum Buch

Neun spannende Geschichten und Erzählungen mit Frankfurter Lokalkolorit. Unterhaltsam und informativ, mal heiter, mal ernsthaft, mit Witz und Charme, manchmal auch skurril. Der garst´ge Struwwelpeter - Albtraum vieler Kinder, historische Ereignisse rund um R.W. Fassbinder und die Frankfurter Theaterszene, geheimnisvoller Main, ein Blick auf die Frankfurter Museumslandschaft, ein berühmter Sohn der Stadt erwacht zu neuem Leben, der Ebbelwei-Expreß dreht seine Runden, Apolls Muse stiftet Verwirrung mitten in Bornheim, und was ein echter Frankfurter ist, der liebt sein ‚Wasserhäusje' …

Ein Buch voller Überraschungen, das nicht nur Frankfurter, sondern auch alle anderen Leser begeistern wird, die sich der Stadt und ihren Besonderheiten verbunden fühlen.

Die neun Autorinnen und Autoren Chris Böhm, Astrid Hennies, Monika Hoßfeld, Peter Luyendyk, Erika Reichhardt, Gerhard Schrick, Irmgard Schürgers, Jule Schwachhöfer und Wolfgang Ullrich lernten sich an der Universität des 3. Lebensalters (U3L) der Frankfurter Goethe-Universität kennen. In Schreibseminaren verfassten sie zunächst Erzählungen, Kurzgeschichten und andere literarische Texte. 2010 gründeten sie den Uni**Scripta** Verlag, um ihre Werke gemeinsam zu publizieren.
Inzwischen wurden 13 Kriminalromane, 6 Bände mit Kurzgeschichten, Erzählungen und Gedichten, ein historischer Roman, ein Theaterstück und ein Kinderbuch veröffentlicht.

Chris Böhm, Astrid Hennies, Monika Hoßfeld,
Peter Luyendyk, Erika Reichhardt, Gerhard Schrick,
Irmgard Schürgers, Jule Schwachhöfer, Wolfgang Ullrich

FRANKFURTER KULTURBEUTE(L)

Geschichten und Erzählungen

UniScripta

1. Auflage
UniScripta Taschenbuch 2018

Umschlaggestaltung und Fotobearbeitung:
Thomas Gessner, Art Director
Satz und Layout: Christa Semke-Böhm
Druck und Herstellung: Offset- und Digitaldruck Lindemann,
Offenbach/Main
Printed in Germany

ISBN 978-3-942728-23-2

Beutelinhalt

(1) Garst'ger Struwwelpeter 9
(Jule Schwachhöfer)

(2) Yoko Ono in der Schirn 37
(Gerhard Schrick)

(3) MainMärchen.. 59
(Peter Luyendyk)

(4) Endstation Verkehrsmuseum 81
(Erika Reichhardt

(5) Der Bücherschrank *oder* eine Muse von Apoll 105
(Irmgard Schürgers)

(6) Flucht im Ebbelwei-Expreß................................ 125
(Monika Hoßfeld)

(7) Frankfurter Theater *oder* das Ende der Unschuld..... 147
(Astrid Hennies)

(8) Dichtung und Wahrheit am Main.......................... 179
(Chris Böhm)

(9) Päusje am Wasserhäusje 207
(Wolfgang Ullrich)

Kulturspaziergang durch Frankfurt am Main

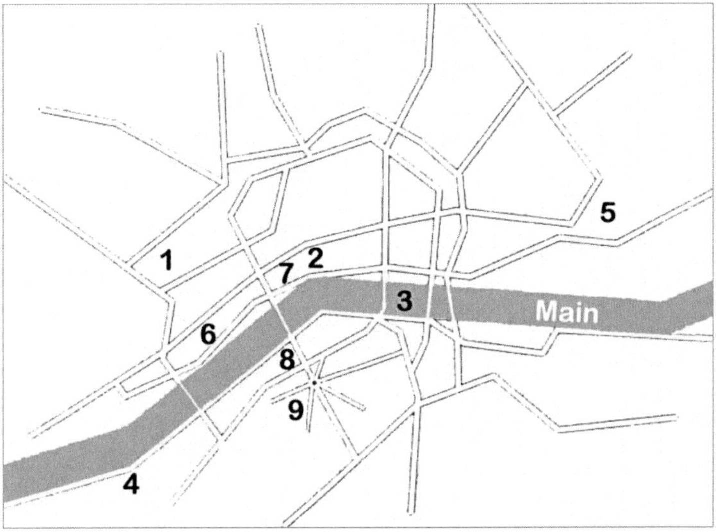

1	Struwwelpeter Brunnen	An der Hauptwache
2	Schirn Museum	Römerberg 6
3	MainMärchen	Frankfurt am Main
4	Verkehrsmuseum	Rheinlandstraße 133
5	Der Bücherschrank	Merianplatz
6	Ebbelwei Expreß	RMV Straßenbahnnetz
7	Frankfurter Theater	Neue Mainzer Straße 17
8	Städel Museum	Schaumainkai 63
9	Wasserhäusje	Holbeinstraße 61

(1)

Garst'ger Struwwelpeter

von

Jule Schwachhöfer

1

Moma kam jeden Samstag zu Besuch, immer mit demselben Zug, Ankunft Friedberg um 15:44 Uhr. Und Montag früh verließ sie uns wieder, um den Regional-Express um 8:12 Uhr zurück nach Frankfurt zu erwischen.

Fast 50 mal im Jahr.

Wenn ein Feiertag auf den Montag fiel, fuhr sie erst am Dienstag zurück.

Moma war meine Großmutter, die Mutter meiner Mutter. Mama sagte *Luise* zu ihr.

Ich weiß nicht, warum, wenn ich *Omi* sagte, wurde sie fuchsteufelswild. *Moma* ging grade so durch. Sie wollte einfach nicht alt sein. Für mich war sie steinalt. Aber das durfte ich ihr nicht sagen.

Manchmal stritten sich meine Eltern wegen Moma.

„Muss sie jedes Wochenende zu uns kommen? Kann sie nicht mal mit ihren Freundinnen was unternehmen?“, maulte mein Vater.

„Sie hat keine Freundinnen, sie hat nur mich.“

„Eigentlich kein Wunder, dass sie keine Freundinnen hat.“

„Ich kann’s doch nicht ändern.“

„Aber du hast als Kind unter ihr gelitten. Das hast du mir oft erzählt. Sie war streng und lieblos. Ich versteh dich nicht.“

„Was soll ich denn machen? Sie ist ganz allein. Wenn ich ihr sage, dass sie nicht kommen kann, macht sie mir die Hölle heiß.“

„Du hast immer noch Angst vor ihr.“

„Lassen wir das Thema, es führt zu nichts.“

Wenn Moma aus dem Zug stieg, entdeckte ich sie schon von weitem. Ihre roten Haare waren ein leuchtender Farbklecks in der grauen Menschenmenge. Moma liebte rot. Rote Schuhe, rote Handtaschen, vor allem rote Fingernägel, knallrot, lang und makellos. Ganz oft beugte sie ihre Fingerkuppen nach vorn und begutachtete sie, ob sie noch perfekt seien.

Wenn sie mir zur Begrüßung über die Haare strich, zuckte ich immer ein wenig zurück, aus Angst, die roten spitzen Nägel würden meine Kopfhaut zerkratzen und blutige Spuren hinterlassen.

Wenn Schlafenszeit war, klatschte Moma in die Hände und sagte:

„So, mein Liebling, Vorlesezeit! Bring mir ein Buch!“

So ging das jeden Samstag- und Sonntagabend.

Eigentlich wollte ich, dass Mama oder Papa mir vorlesen, wie sonst auch, aber am Wochenende war Moma dran. Das ließ sie sich einfach nicht nehmen. Ich musste mich auf ihren Schoß setzen und zusehen, wie ihr rot lackierter Zeigefinger über die Zeilen strich.

Eines Tages, als ich schon auf dem Sprung war, um eines meiner Lieblingsbücher zu holen, zückte sie freudestrahlend aus ihrer roten Handtasche ein neues Buch hervor, fuchtelte damit bedeutungsschwer durch die Gegend und frohlockte:

„Heute, mein Liebling, habe ich dir ein neues Buch mitgebracht. Aus dem lese ich dir jetzt immer vor. Daraus habe ich schon deiner Mama vorgelesen, als sie noch ein Kind war."

Dabei nickte sie meiner Mutter zu und zeigte mit dem Buch in ihre Richtung.

„Ja, ja, ich erinnere mich."

Das klang mehr wie ein Seufzen.

Auf dem Buchdeckel war ein Kind abgebildet, das ziemlich komisch aussah, mit viel zu langen strubbeligen Haaren und unglaublich langen Fingernägeln. Ich musste lachen, aber Moma wies mich streng zurecht:

„Lach nicht, siehst du nicht, dass der Junge weint?"

Tatsächlich, aus seinem linken Auge quoll eine dicke Träne.

„Warum ist der Junge traurig?"

„Weil er ausgelacht wird."

„Aber warum? Der sieht doch lustig aus."

„Willst du etwa so lange Fingernägel haben?"

Wollte ich nicht, aber ich musste automatisch auf Momas rote Krallen starren und konnte mich nicht entscheiden, was grauslicher war.

„Der Junge heißt Struwwelpeter, also eigentlich Peter, aber weil er sich nie kämmen ließ und auch nicht zum Friseur gehen wollte, nannten ihn alle Struwwelpeter und lachten ihn aus und beschimpften ihn."

„Das ist aber gemein!"

„Nun ja, ein anständiger Junge hört auf seine Eltern und lässt sich die Haare kämmen. Schau mal, die sind schon ganz verfilzt. Waschen durfte seine Mama die Haare sicher auch nicht. Die müssen ganz schön gestunken haben. Bestimmt hatte er Läuse.“

Unwillkürlich wanderte meine Hand nach oben und kratzte verlegen hinter dem Ohr.

„Mit dir könnte deine Mutter auch mal wieder zum Friseur gehen.“

Bloß das nicht! Ich hasste Friseurbesuche.

„Zeig mir mal deine Hände.“

Moma stieß einen Entsetzensschrei aus.

„Pfui, schwarze Fingernägel! Geh schnell deine Hände waschen. So darfst du das schöne Buch nicht anfassen!“

Ich kletterte also auf einen Hocker vor dem Waschbecken, schnappte nach der Seife, ließ das Wasser über meine Hände laufen und hoffte, dass Moma keinen Grund mehr zur Klage hatte. Aber der verdammte Dreck unter meinen Fingernägeln wollte einfach nicht verschwinden. Moma wurde ungeduldig, stand plötzlich hinter mir, griff nach der Handbürste, die neben dem Spiegel an einem Haken hing, und schrubbte meine Finger so ruppig, dass ich aufschrie:

„Du tust mir weh!“

„Sei nicht so zimperlich! Zeig her! Jetzt schneiden wir auch gleich noch deine Nägel. Hol eine Schere!“

Ich rührte mich nicht von meinem Hocker.

„Nun mach schon! Oder willst du so werden wie der

Struwwelpeter? Du wirst schon sehn. Ich les dir gleich vor, wie es ihm ergangen ist.“

Und schon hatte sie das Buch in der Hand und tippte energisch auf die erste Seite.

„Pfui, rief da ein jeder, garst'ger Struwwelpeter!“

Das las sie so laut vor, dass ich mir die Ohren zuhielt.

„Das ist ein wunderbares Buch“, schwärmte sie. „Ein Arzt aus Frankfurt hat es vor langer Zeit geschrieben. Für seinen Sohn als Weihnachtsgeschenk. Der war gerade mal drei Jahre alt, ein Jahr jünger als du. Ist das nicht ein großartiger Papa, der für sein Kind ein ganzes Bilderbuch schreibt?“

Dabei erhob sie ihre Stimme, dass mein Vater in seinem Arbeitszimmer nebenan die Anspielung nicht überhören konnte, war sie doch von seinen journalistischen Fähigkeiten nicht gerade begeistert. Papa schrieb lokale Artikel für die Wetterauer Zeitung.

Und wieder tippte sie energisch auf den Buchdeckel.

„Schau, hier steht es: Lustige Geschichten und drollige Bilder von Heinrich Hoffmann.“

Drollige Bilder? Aber Moma hatte mir doch gerade verboten, über das Bild vom Struwwelpeter zu lachen. Erwachsene sind manchmal wirklich seltsam.

Sie blätterte im Buch, zeigte mir die bunten Bilder und ließ mich entscheiden, welche Geschichte ich hören wollte. Es war gar nicht so einfach, eine Auswahl zu treffen. Am meisten zog mich das Bild mit den weinenden Katzen an.

„Warte“, sagte Oma, ich meine natürlich Moma, „ich

muss noch was holen, damit du die Geschichte besser verstehst."

Sie ging in die Küche und kramte aus einer Schublade eine Schachtel Streichhölzer hervor, nahm ein Hölzchen heraus, zündete es an, ließ es ein Weilchen brennen, pustete es aus, schaute mich mahnend an und begann zu lesen:

„Paulinchen war allein zu Haus,
die Eltern waren beide aus.
Als sie nun durch das Zimmer sprang
mit leichtem Mut und Sing und Sang,
da sah sie plötzlich vor sich stehn
ein Feuerzeug, nett anzusehn."

Dabei hielt mir Moma die Streichholzschachtel vor die Nase und las mit erhobener Stimme weiter:

„Ei, sprach sie, ei, wie schön und fein!
Das muß ein trefflich Spielzeug sein.
Ich zünde mir ein Hölzchen an,
wie's oft die Mutter hat getan."

Genau an dieser Stelle zelebrierte Moma erneut das Anzünden eines Streichholzes.

Ich holte Luft, um ordentlich zu pusten, aber damit war Moma nicht einverstanden.

„Nein, nein, schau nur zu, wie das Hölzchen niederbrennt. Siehst du, fast nichts bleibt übrig."

Weinerlich fuhr sie fort:

„Und MINZ und MAUNZ , die Katzen,
erheben ihre Tatzen.
Sie drohen mit den Pfoten:
„Der Vater hat's verboten!
Miau! Mio! Miau! Mio!
Laß stehn! Sonst brennst du lichterloh!"

Dass Katzen reden können, fand ich nicht so seltsam. Ich hatte viele Bilderbücher mit sprechenden Tieren, aber dass Paulinchen ganz und gar verbrannte und nur noch ein Häufchen Asche und ein Paar rote Schuhe übrig blieben, das versetzte mich in Angst und Schrecken. Ich griff nach dem Buch, um es zuzuklappen, um diese grauslichen Bilder nicht mehr sehen zu müssen. Aber Moma sagte:

„Schau nur hin. So ergeht es Kindern, die mit dem Feuer spielen."

Dabei zündete sie ein drittes Mal ein Streichholz an. Ich wollte weglaufen, aber Moma hielt mich fest.

„Ist ja gut, mein Kleiner, ich bin doch bei dir. Du sollst nur wissen, dass Kinder nicht mit Streichhölzern oder Feuerzeugen spielen dürfen. Hast du das verstanden?"

Und ob. Es sollte Jahre dauern, bis ich mich traute, überhaupt nur eine Kerze anzuzünden.

Von den anderen Struwwelpeter-Geschichten blieb ich ebenfalls nicht verschont. Ich hätte das Buch gerne versteckt, aber Moma schien das zu ahnen und packte es immer zurück in ihre rote Handtasche, um es am nächsten Wochenende wieder hervorzuholen.

In meinen Träumen brannte und brannte das Paulinchen fast jede Nacht lichterloh. Der Schneider sauste hinter mir her und wollte meine Daumen abschneiden, der Nikolaus steckte mich in ein riesiges Tintenfass, ich stürzte kopfüber in den Fluss, schnaufte und schluckte und hustete und kämpfte um mein Leben. Und der Struwwelpeter verfolgte mich und hielt mich mit seinen langen Krallen gefangen. Ich muss oft laut geschrien haben. Mama stand dann an meinem Bett, nahm mich in die Arme und tröstete mich.

„Alles gut, mein Schatz, dir passiert doch nichts. Ist alles nur ein böser Traum. Die Geschichten hat sich der Heinrich Hoffmann doch nur ausgedacht."

„Ich will das Struwwelpeter-Buch nicht mehr. Oma soll mir aus einem anderen Buch vorlesen!"

„Aber sie hat sich nun mal in den Kopf gesetzt, dass die Geschichten gut für dich sind, dass du was lernen sollst."

„Ich will das aber nicht!"

„Mir hat die Oma diese Geschichten auch vorgelesen, als ich so alt war wie du. Ich hatte auch ein bisschen Angst. Aber kaum war das Buch zugeklappt, habe ich an was anderes gedacht und das Paulinchen, den Suppenkaspar, den Daumenlutscher und all die anderen Kinder vergessen. Das musst du auch tun. Einfach nicht mehr dran denken."

Das hätte ich ja gerne gemacht, aber es ging nicht. Jede Nacht stiegen die Kinder aus dem Bilderbuch heraus und drängten sich in meine Träume.

Von wegen nur erfundene Geschichten. Das sah Moma ganz anders. Eines Tages verkündete sie, dass sie mit mir zusammen mit der S-Bahn nach Frankfurt zum Hauptfriedhof fahren wollte, um den Dichter Heinrich Hoffmann zu besuchen. Was? Hatte sie nicht erzählt, der Mann sei tot? Und überhaupt, ich wollte ihn nicht kennenlernen. Wenn sie gesagt hätte, wir wollen Janosch besuchen, hätte ich sofort Schuhe und Jacke angezogen, um mich mit ihr auf den Weg zu machen. Und der lebte noch. Das wusste ich. Ich liebte den kleinen Tiger und seinen Freund, den Bären Rasputin.

„Stimmt, mein Junge, Heinrich Hoffmann ist schon lange tot. Er ist 1894 gestorben. Das ist mehr als hundert Jahre her. Aber wir können sein Grab besuchen und uns bei ihm für sein tolles Struwwelpeter-Buch bedanken."

„Kann er uns denn hören?"

„Wer weiß."

Alles Protestieren half nicht. Am Hauptfriedhof angekommen, musste meine Oma nach dem Grab mit der Nummer 541 Ausschau halten. Ich konnte die große Zahl noch nicht lesen, mein Zahlenverständnis reichte nur bis zwanzig. Da standen wir also, ich mit verschränkten Armen und grimmiger Miene.

Auf dem schwarzen Grabstein stand:

DR. HEINRICH HOFFMANN
GEH. SANITÄTSRATH
GEB. 13. JUNI 1809
GEST. 20. SEPTBR. 1894

THERESE HOFFMANN
GEB. DONNER
GEB. 13. SEPTBR. 1818
GEST. 1. JANR. 1911

„Aha“, sagte Oma, „seine Frau ist also auch hier begraben“, und zupfte herabgefallene Blätter aus Efeu und Heidekraut.

„Morgen kannst du im Kindergarten erzählen, dass du Heinrich Hoffmann, den Dichter vom Struwwelpeter, besucht hast.“

„Aber ich kann ihn doch gar nicht sehen.“

„Natürlich nicht. Er ist ja hier begraben. Weißt du noch, wie ihr das tote Rotkehlchen gefunden habt?“

Das hatte ich nicht vergessen. Wir hatten im Garten ein Loch gebuddelt, den Vogel in die Erde gelegt und dann das Loch wieder zugemacht.

„Genauso geht das, wenn ein Mensch gestorben ist. Hier unter der Erde liegt der tote Heinrich Hoffmann in einem Sarg. Das ist eine große, sehr schöne Holzkiste.“

„Ist er angezogen?“

„Er hat bestimmt seinen besten Anzug an.“

Dass davon ziemlich sicher nichts mehr übrig war, wusste ich damals noch nicht.

Um einen immerhin kurzen Bildungsvortrag kam ich nicht herum:

„Ich will dir noch mehr von Heinrich Hoffmann erzählen. Er ist durch sein Struwwelpeter-Buch sehr berühmt geworden. Kinder auf der ganzen Welt kennen den Struwwelpeter. Er ist in viele verschiedene Sprachen übersetzt worden. In China, in Afrika, in Russland und vielen anderen Ländern lesen die Kinder das Buch."

„Auch die Eskimos?"

„Bestimmt. Heinrich Hoffmann war ein bekannter Kinder- und Nervenarzt in Frankfurt und hat oft für seine kleinen Patienten Geschichten gezeichnet, um sie zu beruhigen und abzulenken. Und als er für seinen Sohn ein schönes Kinderbuch als Weihnachtsgeschenk suchte und keins fand, hat er selbst eins geschrieben."

„Kann mein Papa auch ein Buch für mich schreiben?"

„Frag ihn", war Momas Antwort mit leicht verächtlicher Miene.

„So, und jetzt gehen wir zum Paulinchen. Die liegt nämlich auch hier auf dem Friedhof."

„Aber Mama hat gesagt, die Geschichten sind nur erfunden."

„Nun, da hat sich deine Mutter geirrt. Paulinchen hat es wirklich gegeben. Komm, ich zeig dir's."

Pauline Schmidt stand auf dem weißen Steinkreuz mit der Nummer 148.

„Siehst du, Heinrich Hoffmann hat die Pauline gekannt. Sie war die Tochter seines besten Freundes."

Erst später erfuhr ich, dass Pauline zwar gern gezündelt und die heimische Gardine in Brand gesteckt hatte, aber im Alter von 15 Jahren an Tuberkulose gestorben war.

Nicht genug, dass Moma mich zu Heinrich Hoffmann und zum Paulinchen schleppte, nein, es musste auch noch der Zappelphilipp sein. *Philipp Julius von Fabricius* stand auf dem Grabstein mit der römischen Nummer XXII.

„Ja, du kannst es mir glauben, hier liegt der Zappelphilipp."

„Ist er gestorben, als er mit dem Stuhl umgefallen ist?"

„Nein, er hatte wahrscheinlich eine Krankheit, die man heute ADHS nennt, eine Aufmerksamkeits-Defizit-Hyperaktivitäts-Störung."

Ich schaute sie verständnislos an.

„Na ja, da ist man sehr unruhig und kann sich überhaupt nicht konzentrieren, aber daran stirbt man nicht."

Ein komischer Krankheitsname, ich kannte nur Husten und Schnupfen. Immerhin war das Stuhlwippen nicht lebensgefährlich. Deshalb tauchte dieser Philipp wohl nie in meinen Träumen auf.

Auf meine Mutter war ich stocksauer. Als wir nach Hause kamen, stellte ich mich wütend vor ihr auf und brüllte:

„Du hast mich angelogen! Du hast gesagt, die Struwwelpeter-Geschichten sind alle erfunden. Das stimmt überhaupt nicht. Ich hab das Grab vom Paulinchen und vom Zappelphilipp gesehen."

Ich stampfte mit dem Fuß auf und lief entrüstet in mein Kinderzimmer.

Jetzt wusste ich es besser. Alle Geschichten im Struwwelpeter-Buch waren tatsächlich passiert.

An diesem Tag gab es zwischen meiner Mama und Moma eine heftige Auseinandersetzung. Moma war eingeschnappt und verließ mit lautem Türknallen das Haus.

Irgendwann glätteten sich die Wogen, die beiden vertrugen sich wieder, Papa zog sich schmollend in sein Arbeitszimmer zurück, und ich saß wieder auf Momas Schoß und hörte ihren Geschichten zu. Aber den Struwwelpeter war ich los. Kein Wort wurde über ihn verloren, als hätte es ihn nie gegeben. Doch in meinen Träumen war er weiter präsent. Das Bild mit den langen Fingernägeln und dem zerzausten, ungekämmten Strubbelkopf hatte sich fest in mein Gedächtnis gebrannt und verfolgte mich nachts wie eh und je. Ich wollte wegrennen, kam nicht vom Fleck, kämpfte verbissen und wachte immer in dem Moment auf, als Struwwelpeter mich gerade umkrallen wollte. Paulinchen, der Daumenlutscher und all die anderen verblassten mit der Zeit, aber Struwwelpeter war hartnäckig. Er und ich waren noch etliche Jahre zusammen. Ich weiß nicht mehr, wie lange er mich quälte, wann er endlich aus meinem Kopf und aus meinen Träumen verschwunden war. Ich hatte es geschafft, ihn wirklich zu vergessen, bis zu dem Tag, als ich zum Studium nach Frankfurt kam.

Ich wollte mir in dem Café im Hörsaalgebäude in Bockenheim was zu essen kaufen, wählte den Nebeneingang in der Mertonstraße, holte mir am Automaten einen Kaffee, nahm mir ein hinter Glas ausgestelltes reichlich mit Camembert belegtes Mehrkornbrötchen, stellte mich in die Schlange, bezahlte und setzte mich zu ein paar Kommilitonen, die an einem der vielen Tische in ein Gespräch vertieft waren, als mein Blick auf die gegenüberliegende Wand fiel. Später erzählten mir meine Freunde, dass ich plötzlich kalkweiß und ganz erstarrt gewesen und wie vor einem Gespenst zurückgewichen sei, mein Brötchen habe fallen lassen samt Kaffeetasse, deren Inhalt sich über den Tisch ergossen habe. Als sie mich angesprochen hätten, sei ich aufgesprungen und davongerannt. Ich kann mich an diesen Moment nicht erinnern, nur an den riesigen Struwwelpeter, der mich von der Wand des Cafés hämisch anglotzte. Das war mein erster und letzter Besuch in diesem Café. Später entschuldigte ich mich bei meinen Kommilitonen und erklärte, dass ich wohl einen Blackout gehabt habe, nichts Schlimmes oder Besorgniserregendes. Dass der Struwwelpeter der Auslöser gewesen war, konnte ich natürlich nicht erzählen.

Mit meinen problemlosen Nächten war es vorbei. Die Albträume meiner Kindheit kehrten zurück. Struwwelpeter hatte mich voll im Griff. Ich war wieder der kleine Junge, der vor diesem garstigen Kerl davonzurennen versuchte und nicht von der Stelle kam. Ich konnte mir hundertmal sagen, dass das nur eine schaurige erfundene

Kindergeschichte war, ja, dass es geradezu albern und dumm war, mich wegen solch einer Lappalie so zu quälen. Es half alles nichts, ich war Struwwelpeter machtlos ausgeliefert. Morgens stand ich wie gerädert auf, war in Vorlesungen unkonzentriert, mied meine Freunde, die immer wieder fragten, ob ich noch mit ins Struwwelpeter-Café wollte.

Ich fand täglich neue Ausreden, zog mich immer mehr zurück und ging schließlich überhaupt nicht mehr zur Uni. So konnte es nicht weitergehen. Es musste etwas geschehen. Ich musste den Struwwelpeter aus meinen Kopf kriegen, ihn für alle Zeiten verbannen. Ich hasste diesen Kerl, hämmerte meinen Kopf gegen Wände und Türen, um den Quälgeist loszuwerden. Ich wollte ihn zerstören, vernichten, töten.

Wegen eines Buches, das ich für die Uni brauchte, fuhr ich mit der S-Bahn zu Hugendubel im Steinweg. Ich stieg an der Hauptwache aus, lief ein paar Stufen hoch, ging ein paar Schritte, ich weiß gar nicht mehr, in welche Richtung, und stand wie vom Donner gerührt plötzlich vor einem Struwwelpeter-Brunnen. Ich muss lange dort verharrt und den Brunnen angestarrt haben. Menschen strömten an mir vorbei, stießen mich zur Seite, brachten mich zurück in die Gegenwart. Ich schaffte es, über meinen eigenen Schatten zu springen, rappelte mich auf, trat näher an den Brunnen heran und traf sie alle wieder, die Figuren aus meiner Kindheit, das Paulinchen, den Daumenlutscher, den fliegenden Robert, den Zappelphilipp, den bösen Friederich. Sogar der Hase, der dem Jägersmann eine lange Nase zeigt, war nicht vergessen worden. Aus den Augen von Minz und Maunz, den heulenden Katzen, und aus anderen Düsen sollte wohl Wasser fließen, wenn der Brunnen denn in Betrieb gewesen wäre. Auf dem bronzenen Katzenfell zeigten sich gelbgrüne Verfärbungen, an vielen anderen Stellen des Brunnens auch, eine witterungsbedingte Patina. Eine kleine Tafel verriet die Künstlerin: Franziska Lenz-Gerharz, Kunstguss Eschenburg, 1985.

Struwwelpeter, meine Hassfigur, stand triumphierend ganz oben und lachte mich aus. Unendliche Wut packte mich. Aber ich riss mich zusammen, um nicht aufzufallen. Auf dem Weg zurück zur S-Bahn stieß ich, als wäre der Brunnen nicht Qual genug, auf eine Apotheke und einige Litfaß-Säulen mit dem bunten Struwwelpeter-Abbild. Ich rannte nach Hause in meine sicheren vier Wände und graulte mich vor der Nacht.

Langsam reifte ein Plan in mir, nahm immer mehr Gestalt an. Ja, so musste es gehen. So würde ich meinen nächtlichen Verfolger samt seinen Bilderbuchkumpels kleinkriegen und ein für alle Mal loswerden. Ich erinnerte mich an ein Graffiti-Projekt im Kunstunterricht der Oberstufe. Damals waren zwei Mitschüler einer Sprayer-Crew wegen Beschmierungen an mehreren Hauswänden und Brückenpfeilern von der Polizei aufgegriffen worden, woraufhin die Lehrerkonferenz beschloss, uns die positive Seite des Graffiti-Sprayens aufzuzeigen. Wir sollten unter Anleitung des Kunstlehrers die Fassade eines Nebengebäudes künstlerisch gestalten. Wir diskutierten, entwarfen Skizzen, kauften im Baumarkt Sprühdosen in verschiedenen Farben, legten schließlich los und bekamen viel Lob für unser Kunstwerk.

An ein Kunstwerk dachte ich jetzt allerdings nicht, eher an eine radikale Zerstörung und Vernichtung. Ich wollte den Brunnen so einnebeln und mit Farbe vollsprühen, dass den Figuren, vor allem aber dem verdammten Struwwelpeter die Luft ausging, dass er verschwand, sich in ein klobiges, hässliches, nicht mehr identifizierbares Etwas verwandelte.

Erwischen lassen durfte ich mich natürlich nicht. Ich musste also nachts zu Werke gehen, wenn keine Passanten mehr unterwegs waren. Um 1:39 Uhr verließ die letzte S- beziehungsweise U-Bahn die Hauptwache. Danach kam meine Zeit. Eine Nacht von Sonntag auf Montag schien mir am sichersten. Ich recherchierte, welche Farben am dicksten und haltbarsten auftragen, deckte mich reichlich mit Spraydosen ein, erkundete mehrmals die Gegend, wusste genau, wer so spät noch unterwegs war, wann sich die Obdachlosen in der B-Ebene unter ihre Decken verkrochen und wann der Wachdienst seine Runden drehte. Alle Schaufensterlichter der umliegenden Geschäfte und von Galeria-Kaufhof waren ausgeschaltet oder gedimmt. Am Taxistand in der Schillerstraße war nichts mehr los, nur McDonald's hatte durchgehend bis morgens um fünf geöffnet. Meine Erkundungen raubten mir den Schlaf, was mir entgegenkam, verkürzten sie doch den Zeitraum nächtlicher Albträume, die nicht nachließen und mich in meinem Vorhaben vorantrieben. Ich packte also die Farbdosen in meinen größten Rucksack, zog schwarze Klamotten an, setzte eine Ski-Sturmhaube aus schwarzer Merinowolle auf, ließ nur einen Sehschlitz frei, machte mich per Rad auf den Weg und stellte es in Blicknähe ab, um bei Gefahr schnell die Flucht ergreifen zu können.

Struwwelpeter war als Erster dran. Mit blutroter Farbe zielte ich auf seine grinsende Fratze. Augen, Nase und Mund verschwanden unter klebrigem Beschuss. Seine zerzausten Haare waren bald nicht mehr zu erkennen. Die langen Finger und spitzen Nägel bildeten sich zu unförmigen Würsten. Ich führte die Dosen beidhändig rauf und runter, nach rechts, nach links, ließ sie kreisen, nicht zur Ruhe kommen, spürte nicht den Schmerz in meinen Fingern, sprühte und sprühte und fühlte mich von Dose zu Dose besser.

Die anderen bekamen auch ihr Fett, beziehungsweise ihre Farbe ab, bis die letzte Dose geleert war, das heißt, nicht ganz. Im Vorderfach meines Rucksacks hatte ich eine Dose für die Apotheke reserviert, um auf deren Schaufensterscheibe, auf der ein riesiger Struwwelpeter prangte mit dem sinnigen Spruch *Wir wissen weiter,* meinen Protest zu hinterlassen, ebenso auf zwei Litfaßsäulen.

Mit Genugtuung und einem erhebenden Triumphgefühl betrachtete ich meine Nacht- und Nebelaktion. Niemand hatte mich gestört. Befreit schwang ich mich auf mein Fahrrad mit dem sicheren Gefühl, endlich traumlos schlafen zu können.

In der Hessenschau am Montag um 19:30 Uhr konnte ich mein Werk bei Tageslicht betrachten. Ich hatte wirklich ganze Arbeit geleistet. Eine Reporterin wütete ihre Empörung ins Mikrofon, redete von sinnloser Zerstörung, bezeichnete den oder die Täter als Verrückte, Kriminelle, Kulturbanausen.

„Die Schuldigen werden hoffentlich bald gefasst und ihrer gerechten Strafe zugeführt. Die Polizei ermittelt in alle Richtungen."

Passanten wurden befragt, die teils verärgert, teils belustigt reagierten. Manche waren erst jetzt auf den Brunnen aufmerksam geworden. Der Apotheker sprach von schwerer Sachbeschädigung, hatte bereits eine Reinigungsfirma beauftragt und jammerte über den finanziellen Schaden.

Zugegeben – in meiner Not und Verzweiflung hatte ich überhaupt nicht an die Folgen gedacht. Kann sein, dass ich die Apotheke verschont hätte. Aber ich bereute meine Tat keineswegs, hatte ich doch die erste Restnacht ohne Albtraum erlebt. Dass mich die Polizei aufspüren würde, hielt ich für abwegig. Meine Sicherheitsvorkehrungen waren perfekt. Im Internet hatte ich Berichte gelesen, dass überhaupt nur wenige illegale Graffiti-Sprayer erwischt werden. Ich musste mir keine Sorgen machen. Dachte ich.

Am Dienstag stand die Polizei vor meiner Tür und forderte mich auf, ihnen aufs Revier zu folgen. Es war mir ein Rätsel, wie die auf mich kommen konnten. Ich war nicht stark genug, den Fragen und Behauptungen, die auf mich einhämmerten, standzuhalten, gab schließlich zu, in der Nacht von Sonntag auf Montag an der Hauptwache gewesen zu sein und den Struwwelpeter-Brunnen mit Farbe besprüht zu haben, unterschrieb ein Protokoll mit meinem Geständnis und wurde, da keine Fluchtgefahr bestand, bis auf Weiteres entlassen mit dem Hinweis, dass auf mich ein Strafverfahren zukommen würde. Ein Polizeibeamter meinte ironisch, ich solle schon mal anfangen zu sparen.

So schlimm wird's schon nicht werden, dachte ich. Meinen Eltern sagte ich nichts. Ich machte mir eigentlich gar keine Gedanken, was auf mich zukommen würde, im Gegenteil, ich war glücklich und befreit, konnte endlich schlafen, besuchte wieder die Uni und traf mich mit meinen Freunden. Das Leben war schön.

Monate vergingen. Dass ein Prozess auf mich zukommen würde, war fast in Vergessenheit geraten, bis ich die Vorladung bekam. Am Tag der Gerichtsverhandlung im Amtsgericht in der Gerichtsstraße erschien ich ohne Anwalt. Ich hatte vorher recherchiert und herausgefunden, dass man bei einer Verhandlung vor dem Amtsgericht nicht zwingend einen Anwalt braucht. Wie hätte ich den bezahlen sollen? Und meine Eltern durften auf keinen Fall wissen, was passiert war. Ich fiel aus allen Wolken, als die Richterin mir den Paragraphen 304 aus dem Strafgesetzbuch vorlas:

„Wer rechtswidrig ... öffentliche Denkmäler, Naturdenkmäler, Gegenstände der Kunst beschädigt oder zerstört, wird mit Freiheitsstrafe bis zu drei Jahren oder mit Geldstrafe bestraft."

Mir rutschte das Herz in die Hose. Schreckliche Bilder gingen mir durch den Kopf. Ich unter schweren Jungs, die mich drangsalieren würden.

Gottlob war der Paragraph nur ein Schreckschuss. Da ich erst zwanzig war, konnte auf mich das Jugendstrafrecht angewandt werden. Die Richterin interessierte sich für meine Probleme, fragte nach Motiven, ging ins Detail, hakte immer wieder nach, bis ich meine Scheu überwand und es aus mir nur so heraussprudelte. Meine Großmutter, ihre roten Fingernägel, das Vorlesen am Wochenende, der Hauptfriedhof mit den Gräbern von Heinrich Hoffmann, Paulinchen und dem Zappelphilipp, das brennende Streichholz, meine Albträume und mein ärgster Dämon Struwwelpeter, dann, als ich alles schon überwunden wähnte, das Café in der Uni, die Apotheke, der Brunnen an der Hauptwache. Dass es mir jetzt aber gut ginge, ich endlich frei von bösen Träumen sei.

„Ihre Albträume sind tatsächlich verschwunden? Total weg?"

„Ja, total."

Schließlich zog sich die Richterin mit zwei Schöffen zur Beratung zurück. Bange Minuten vergingen, eine halbe Stunde vielleicht oder mehr. Warum dauerte das so lange? Dann endlich das Urteil. Ich hätte der Richterin um den Hals fallen können. Kein Gefängnis, keine Geldstrafe!

80 Sozialstunden! Sie erklärte mir, dass sie meinetwegen ein Telefonat geführt und gute Nachrichten für mich habe.

„Sie werden die Sozialstunden im Struwwelpeter-Museum in der Schubertstraße ableisten."

Ich glaube, ich hörte nicht recht. Im Struwwelpeter-Museum? Was sollte das denn? Wollte sie mich verhöhnen?

„Ich habe mit der Leiterin des Museums gesprochen. Sie ist einverstanden, kann Hilfe sehr gut gebrauchen. Sie werden mit Kindern arbeiten und erleben, dass man sehr viel Spaß haben kann. Einen Versuch ist es wert. Was sagen Sie dazu?"

„Aber, ich weiß nicht. Was ist, wenn meine Albträume zurückkommen?"

„Haben Sie nicht erzählt, dass Sie seit Ihrer Tat wunderbar schlafen?"

„Ja, aber .."

„Kein Aber, Sie haben es doch geschafft. Auf Ihre Tat können Sie nicht besonders stolz sein, aber Sie sind Ihren Dämon losgeworden. Sie sollten das positiv sehen. Außerdem haben Sie keine andere Alternative, es sei denn, Sie wollen Ihre Strafe lieber im Gefängnis absitzen."

Das wollte ich keinesfalls.

„Nur Mut! Ich wünsche Ihnen viel Glück und möchte Sie hier nicht wiedersehen. Ach ja, noch etwas. Es wird wahrscheinlich eine Rechnung der Stadt auf Sie zukommen. Sie wird Schadensersatz für die Reinigung des Brunnens haben wollen."

„Und der Apotheker?"

Sie zuckte mit den Schultern.

Damit war ich entlassen.

Gleich am nächsten Tag machte ich mich auf in die Schubertstraße. Ich hatte noch nie etwas von diesem Museum gehört. Kein Wunder, es lag nicht etwa wie die meisten anderen Museen am Mainufer, sondern ziemlich versteckt mitten im Frankfurter Westend, eine rot verputzte Gründerzeitvilla. Auf einer Fensterscheibe im Erdgeschoss prangte in knalligen Farben und lebensgroß, wie konnte es anders sein, mein Feind Struwwelpeter. Ich baute mich vor ihm auf, schaute ihn herausfordernd an, ging näher, ganz nah.

Du kannst mich mal! dachte ich.

Ich zeigte ihm den Mittelfinger, wandte mich zur Eingangstür und betrat das Museum.

„Wie schön, dass Sie da sind", empfing mich die Leiterin, „Sie kommen wie gerufen. Mein Assistent hat abgesagt, ich sitze in der Klemme, Sie müssen mir helfen. Die Kinder warten schon auf Sie."

Wie bitte? Kinder? Ich war überrascht. Eigentlich wollte ich mich nur kurz vorstellen.

„Ach was, Sie können gleich loslegen. Ihnen wird schon was einfallen."

Ehe ich protestieren konnte, hatte sie mich an die Hand genommen und in die Kleiderkammer gelotst, wo Struwwelpeter-Kostüme in allen Größen hingen.

„Hier, das könnte Ihnen passen."

Sie half mir in Jacke und Hose und stülpte mir eine blonde Perücke über. Fehlten nur noch die Handschuhe mit den langen Fingernägeln.

„Super! Sitzt wie angegossen! Wie aus dem Bilderbuch!"

Sie führte mich ins Theaterzimmer, wo eine ganze Schulklasse gespannt auf mich wartete.

„Seht einmal, hier steht er – unser Struwwelpeter!", wurde ich vorgestellt.

Erst überraschte Stille, dann Gejohle, zwanzig Kinder tanzten ausgelassen um mich herum, strahlten und lachten. Und ich? Stand da wie ein begossener Pudel, fühlte plötzlich zwei Kinderhände, die sich in meine schoben, so warm und zutraulich. Meine Füße begannen sich zu bewegen, erst zögerlich und unbeholfen, dann schneller und schneller. Aus meinem Bauch drängte sich ein kaum spürbares Glucksen hoch in meine Kehle, noch zaghaft und leise, dann lauter und lauter. Zusammen mit all den fröhlichen Kindern tanzte ich und lachte und lachte.

(2)

Yoko Ono in der Schirn

von

Gerhard Schrick

2

Ehrlich gesagt, interessiert hat mich die Ausstellung in der Schirn eigentlich nicht. Ich bin nur zum Spaß hingegangen. Na ja, nicht ganz. Ich wurde angemeldet. Genauer gesagt, meine Frau hatte mir zu meinem siebzigsten Geburtstag feierlich einen Gutschein für die 'Half-A-Wind-Show von Yoko Ono' in der Schirn überreicht.

„Sieh sie dir genau an, du alter Kunstbanause. Sie spricht dich sicher an und hat dir was zu sagen."

Sie sei mit Sicherheit nicht persönlich anwesend, hatte ich erwidert. Bedeutende Persönlichkeiten wie die Ono seien ja nie da. Jedenfalls dann nicht, wenn der gemeine Besucher – also ich – zur Besichtigung käme.

„Ich meinte die Ausstellung ihrer Kunst, nicht Frau Ono persönlich. Aber ich teile deine Meinung – ein bisschen eingebildet scheint sie wohl zu sein.“

Mehr scheinen als sein – diesem Prinzip würden die Kunstschaffenden heutzutage bekanntlich meist folgen. So sprach meine Frau. Aber schließlich sei Yoko Ono eine Größe ihrer Branche, die ich mir ruhig einmal ansehen könne. Sie sei gespannt auf meinen Bericht.

„Und außerdem", fügte sie hinzu, „war sie doch mit deinem Idol John Lennon verheiratet, wenn ich nicht irre. Mittlerweile ist sie achtzig Jahre alt und noch topfit, wie die Presse schreibt. Du solltest dir ein Beispiel nehmen.“

„Du bist auch nicht mehr die Jüngste", erwiderte ich – und bereute meine ungalante Bemerkung sofort.

Aber sie hatte mich auch gereizt. Doch nicht das Stichwort ‚Alter' war der Anlass, sondern der ‚Bericht'. Mein Alter ist mir egal. Aber immer wurde ich irgendwo hingeschickt, weil die Gute keine Lust hatte, zu müde oder unpässlich war, sich selbst auf den Weg zu machen. Um des lieben Friedens willen ging ich also immer hin – aber die anschließende Berichterstattung, die sie jeweils mit gespielter Spannung erwartete, ging mir richtig auf die Nerven. Und dieses Mal würde es besonders mühselig werden, denn ich hatte keine Ahnung von der Kunst im Allgemeinen und von Yoko Ono im Speziellen. Im Gegensatz zu mir wusste meine Frau immer genau, was ich dachte – oder ahnte es zumindest, denn sie war eine geradezu professionelle Leserin menschlicher – und insbesondere meiner – Mimik. Für sie war ich wie ein offenes Buch, in dem sie munter lesen konnte.

Aber sie ignorierte meine negativen Gedanken und sagte ganz freundlich:

„Geh einfach hin. Sie wird ohnehin nicht da sein, wie du richtig vermutest.

„Im Lokalteil der FNP stand, sie sei dagewesen, habe ein bisschen mit Holbein geplaudert, hier und da rumgezupft und sei dann nach Tokio abgedüst."

„Dann kannst du ja beruhigt sein und brauchst nicht zu kokettieren. Also geh und lass dich überraschen. Der Direktor der Schirn heißt übrigens Hollein. Blamier uns nicht."

„Da hast du ja was eingefädelt.“

„Denk dran, morgen um 16 Uhr. Sei bitte pünktlich. Sie warten nicht.“

„Wer wartet?“

„Rechts neben der Kasse. Deine museumspädagogische Spezialführung. Es ist alles bezahlt. Und denk bitte daran, dir Notizen für deinen Bericht zu machen. Wenn schon, denn schon, sag ich immer. Und viel Spaß."

Ich fragte mich, warum ich mir das alles gefallen ließ und meine stille Antwort war, wie immer: ‚Sie tut das nur, weil sie mich liebt. Und weiter solltest du nicht darüber nachdenken.‘

Am nächsten Tag war ich einigermaßen pünktlich. Nach mir, also unpünktlich, kamen noch fünf Teilnehmerinnen, Kunst-und Literaturstudentinnen, wie sich später herausstellte. Insgesamt waren wir zu acht. Ich war der einzige Mann und Nichtstudent. Unsere Museumsführung stellte sich als Mitarbeiterin des pädagogischen Dienstes der Schirn vor. Nach einer kurzen Begrüßung kam sie zur Sache. Wir seien schon ein bisschen spät dran, was aber kein Problem sei, denn wir seien sicher alle erfahrene Ausstellungsbesucher. Wir würden uns also einen kurzen Überblick verschaffen, um uns anschließend auf einige Kunstwerke zu konzentrieren, die wir als Gruppe bestimmen könnten. Nach der Pause solle sich dann bitte jeder von uns mit einem jeweils frei auszuwählenden Exponat auseinandersetzen (ich dachte an meine grausigen Klassenarbeiten in Deutsch!) und darüber etwas Schriftliches verfassen, eine Kurzgeschichte, ein Gedicht oder Ähnliches. Der Phantasie seien keine Grenzen gesetzt.

Am zweiten Tag könnten dann die Ergebnisse von den jeweiligen Autoren verlesen und diskutiert werden. Dies sei nur ein Vorschlag. Sie sei aber sicher, dass uns diese kleine Arbeitsaufgabe Freude bereiten würde.

Von einem zweiten Tag hatte mir niemand etwas gesagt. Meine Verabredung mit Freunden zum Fußballspiel meiner Hertha aus Berlin gegen die Eintracht war damit erledigt. ‚Dankbar' dachte ich an meine Frau.

Einigermaßen lustlos legte ich also los. Wir wurden in Kleingruppen aufgeteilt. Wir waren nur zu zweit. Ich war dankbar. Meine Partnerin hieß Marie-Ann, die übrigens pünktlich war. Ich neige manchmal dazu, meine Defizite offen zu bekennen. Eine echte Macke, wie der Berliner sagt. Hier aber verschwieg ich die geringe Zahl meiner Ausstellungsbesuche. Die Kollegin hätte mich sicherlich fassungslos angeschaut. So dachte ich jedenfalls zu Beginn meiner Expedition in die Welt der Yoko Ono. Doch Marie-Ann war ganz freundlich, zwinkerte mir zu und flüsterte:

„Wir schaffen das schon!"

Dass dieses ‚Wir' eine besondere Bedeutung hatte, wurde mir erst später klar.

Marie-Ann redete während unseres Rundgangs fortwährend laut vor sich hin, ohne mich anzusehen. Führte sie unbewusst Selbstgespräche oder wollte sie mir auf diese spezielle Weise helfen? Jedenfalls sprach sie ruhig und sachlich. Ich war positiv beeindruckt. Doch plötzlich unterbrach sie sich, schaute mich mit ihren blauen Augen ganz freundlich an und machte mich auf einen wunden Punkt aufmerksam, den ich gerne vergessen hätte.

„Schreib dir (wir hatten das Du verabredet) ein bisschen was auf. Du wolltest doch deiner Frau berichten. Ich fand das so nett. Ich helfe gerne, denn über Yoko Ono schreib ich meine Dissertation."

Da hatte ich den Salat. Bei meiner Vorstellung im großen Kreis hatte ich es erwähnt. Warum konnte ich meinen Mund nicht halten? Immer wieder diese Wichtigtuerei. Ein Geschenk meiner Frau, hatte ich angegeben. Und ich würde mich gerne mit einem Bericht bei ihr bedanken. Na schön, dachte ich, nicht wieder gutzumachen. Da musste ich wohl in den sauren Apfel beißen. Also schrieb ich fleißig auf, was die junge Expertin mir diktierte. Ehrlich gesagt, viel verstand ich davon nicht. Wir verabredeten aber, dass sie sich das Protokoll zum Abschluss noch einmal durchlesen würde. Da war ich beruhigt, denn meine Frau hatte sicher, wie ich sie kannte, insgeheim einiges über Yoko Ono gelesen und sich so auf meine von ihr erwarteten stümperhaften Notizen vorbereitet. Ihre diesbezüglichen Anmerkungen machten ihr immer sehr viel Spaß. Aber dieses Mal würde meine liebe Frau, so hoffte ich, enttäuscht sein.

Nachdem wir uns also über das ‚Protokoll' geeinigt hatten, sprach Marie-Ann davon, dass das Oeuvre der Künstlerin Yoko Ono zur Immaterialität neige, dessen Material weniger aus Objekten, sondern aus Texten und

Ideen bestehe. Das Ziel dieses revolutionären Kunstverständnisses sei es vor allem, den Betrachter ihrer Werke aufzufordern, selbst tätig zu werden. Sie male zum Beispiel ein offensichtlich unfertiges Bild oder zeige eine Plastik, die ergänzt werden könne. Wobei eine Plastik nach dem Verständnis der Künstlerin auch ein Stück zusammengeknülltes Papier oder ein alter Lappen sein könne.

Wichtig sei es Yoko Ono, so Marie-Ann, ein Kunstwerk nicht als endgültig fertig zu erklären, sondern durch das Zusammenspiel von Künstler und Betrachter einen Schöpfungsprozess zu initiieren, der prinzipiell nie ende. So greife sie auch immer wieder auf frühere ihrer Werke zurück und entwickele sie weiter. Das würde die Kunstszene manchmal verwirren, denn die frage sich dann, welches nun das ‚richtige' Werk sei. Gerade das aber sei für Yoko Ono der Reiz, denn diese Art Verwirrspiel rege zur Selbstreflektion an und verhindere, dass die Welt erstarre.

Ein großes Ziel für eine kleine Kunst, dachte ich spontan, behielt den Gedanken aber für mich, denn ich wollte meine eifrige Partnerin nicht bei ihrem Referat stören. Hoffentlich hat sie nicht alles frei erfunden, um sich wichtig zu machen, dachte ich als der ewig misstrauische, alte Misanthrop. Aber sogleich folgte meine klammheimliche Reue. Marie-Ann wirkte nicht aufgesetzt oder gar verlogen, sondern eher selbst auf der Suche nach der Wahrheit in der Kunst Yoko Onos. Und das, was sie mir erzählt hatte, passte auch zu dem, was ich auf unserem Rundgang gesehen hatte – soweit – das betone ich nochmals ausdrücklich – ich es verstanden habe.

Ein großes Ziel hatte sich die japanische Dame da vorgenommen: die Welt mit ihrer Kunst in Bewegung zu setzen.

Erstaunlicherweise bekam ich zum ersten Mal eine Ahnung davon, warum sie und John Lennon ein Paar wurden. Die Welt in Bewegung, in Schwingung zu bringen – das war wohl auch sein künstlerisches Motto. Jedenfalls empfand ich so seine Musik und wurde sein Fan - auch über seinen tragischen Tod hinaus. Ich entschuldigte mich im Geiste bei Yoko Ono dafür, dass ich ihr damals unterstellt hatte, sie habe John nur für ihre eigene Publicity benutzt. Vielleicht profitierte er sogar eher von ihr, indem sie ihm half, aus seinem Beatleskäfig auszubrechen.

Marie-Ann und ich spazierten nach diesen ersten Eindrücken durch die mit zahlreichen Exponaten bestückte Painting- und Pieces-Abteilung, wie ich sie getauft habe. Zunächst zu den sogenannten Paintings: Lappen mit eingebrannten Löchern waren zu sehen, die mit Tuscheflecken nicht bemalt, sondern bekleckert waren. Ich finde kein anderes Wort. So präsentierte sich kein Gemälde im klassischem Sinne, das sich als fertig verstand, sondern etwas, das weiterbearbeitet werden könnte, also noch mehr Löcher, verknautschter, mehr Tusche und so weiter. Dieses Prinzip der Herausforderung an den Betrachter galt offensichtlich für alle Malprodukte, die zu sehen waren: PAINTING FOR SEE IN THE DARK, PAINTING FOR THE WIND, PAINTING FOR STEPPED ON, WATERDROP PAINTING und viele mehr. Ich erspare mir in meinem Bericht die ausführlichen Erläuterungen von Marie-Ann oder die im Katalog zur Ausstellung, den ich inzwischen gekauft hatte. Sollte meine Frau sich doch selbst darin vertiefen.

Aber zu einem Thema möchte ich noch etwas Pikantes berichten: die Herausforderung des Betrachters zum Handeln. Diesen Punkt sollte man als Besucher bitte nicht missverstehen, denn tatsächliches Handeln ist bei Strafe vom Aussteller verboten. So musste man sich damit begnügen, die Weiterentwicklung der Paintings im Geiste zu vollziehen – oder, wie ich es später versucht habe, eine Installation zuhause mit eigenen Materialien nachzubauen und zu sehen, was passiert. Meine Besucher greifen noch immer kräftig zu und entwickeln die Werke weiter. Es macht viel Spaß, doch meine Garage ist damit leider noch immer besetzt. Und mein Auto rostet draußen vor sich hin. Yoko Ono würde sich hoffentlich über meine Installation a la Ono freuen. Oder würde sie mich als Plagiator beschimpfen? Mein Risiko.

Die Installationen zu PIECES waren zu zahlreich, um sie auch nur nach den Titeln zu benennen, geschweige, sie zu kommentieren. Es waren eben sehr viele PIECES, die wir uns hätten ansehen können. Aber dazu war die Zeit zu knapp. Trotzdem wage ich eine Anmerkung, die wahrscheinlich meiner Ahnungslosigkeit über die Möglichkeiten einer Ausstellung solcher Werke geschuldet ist: Sie wären unterhaltsamer gewesen, wenn man die Künstler, die da fotografiert waren – immer mit Yoko Ono als zentraler Figur – in Aktion, also im Film, gesehen hätte. Oder sollten wir uns etwa auch die Bewegung vorstellen?

Ich habe mir mit Hilfe von Marie-Ann ein Beispiel notiert. Ono sitzt auf dem Stuhl, unter sich ein aufgeschlagenes Buch, vor dem Flügel, vielleicht kurz vor einem Konzert, das sie geben wird. In der linken Hand eine Zigarette, in der rechten Hand ein Streichholz, das entzündet wurde. Was genau passieren wird, bleibt unbestimmt. Dazu der Text: Light a match and watch till it goes out. Dem Betrachter bleibt es überlassen, sich dazu eine Handlung auszudenken. Vieles ist möglich. Vielleicht verbrennt sich die Pianistin die Finger am Streichholz und kann nicht mehr spielen. Und aus ist es mit der großen Karriere. Das wäre dann eine humoreske Groteske? Zur 1964 fotografierten Performance CUT PIECES gab es zwei Bilder: die Ono im ersten auf dem Boden kniend blickt sie uns an, ihr Rock wird von einem Mann zerschnitten. Das Oberteil ist unversehrt.

Das zweite Bild zeigt Ono von der Seite ins Irgendwo schauend, das Kleid völlig zerschnitten und mit den Resten sich krampfhaft bedeckend. Dazu bemerkte Marie-Ann, dass sich Yoko Ono schon sehr früh mit feministischen Themen beschäftigt habe. So sei zu vermuten, dass die Zerschneidung vor einem zur damaligen Zeit vorwiegend männlichem Publikum als gewollte Provokation zu verstehen sei. Marie-Ann kannte auch eine Erklärung der Künstlerin, die dazu passt: *Die Leute schnitten so lange alle Teile ab die ihnen an mir nicht gefielen bis nur noch der Stein in mir übrig war aber sie waren immer noch nicht zufrieden und wollten wissen wie es in dem Stein ist.* Alles ohne Kommata geschrieben, eine Technik, die man sonst nur in der Lyrik findet. Nach Marie-Ann handelt es sich bei dem Zitat um eine künstlich verdichtete Aussage Yoko Onos zur Gewalt gegen Frauen und zum Tod. Ich gebe zu, verstanden habe ich es nicht ganz. Vielleicht könnte meine Frau ja helfen. Eine Nachfrage bei meiner Begleitung ersparte ich mir. Sie brauchte auch mal eine Pause.

Bei VOICE PIECE FOR SOPRANO, unserer vorletzten Station, sieht man Yoko Ono mit weit geöffnetem Mund, offenbar singend. Dabei schaut sie am Betrachter vorbei (ins Publikum?). Zweck und Ziele des Singens werden schriftlich beigelegt: 1. against the wind, 2. against the wall, 3. against the sky.

Über den Sinn der Aktion lässt sich trefflich streiten. Vielleicht ein (vergeblicher?) Schrei gegen universelle Mächte? Oder ist der Mund aus Lust am Singen geöffnet? Ono war eine ausgebildete klassische Sängerin. Ich unterstelle jedenfalls, dass sie den Deutungsstreit auslösen wollte, der ja, so verstehe ich sie, den lebendigen Fortbestand ihrer 1961 entstandenen und fotografierten Installation sichern sollte. Was bewiesen ist, denn 2013 stritten die Menschen immer noch.

Als letzte Station (endlich!) sahen wir uns den Kurzfilm „Fly" an, der in einer Dauerschleife lief. Marie-Ann machte sich Sorgen, dass ich eventuell einen Schock erleiden würde, ohne allerdings zu verraten, was da auf mich zukam. So betrat ich einigermaßen unvoreingenommen den Raum des von Ono mit einer Tonspur unterlegten Films. Und der Schock folgte sogleich: ein nackter Frauenkörper, übersät mit über ihn fliegenden und auf ihm krabbelnden Fliegen. Dazu gesangliche Improvisationen der Ono, die Bewegungen und das Summen der Fliegen nachahmend.

„Ist das die Ono, die da liegt?"

„Um Gottes willen, nein! Es ist eine Freiwillige, die ein bisschen Geld dafür bekommen hat", antwortete Marie-Ann.

Überall juckte es mich und ich benötigte eine Pause. Diese Bilder musste ich erst einmal verkraften. Also Feierabend! Aber es war klar, dass ich darüber etwas schreiben wollte, wahrscheinlich eine Art Spottgedicht.

Marie-Ann schlug vor, dass wir am nächsten Morgen bei ihr in der Wohngemeinschaft frühstücken könnten, weil sie in der Nähe der Schirn wohne. Ich willigte dankbar ein und beeilte mich, nach Hause zu kommen, um meiner Frau über das Erlebte zu berichten. Aber sie schlief schon. So blieb ich mit meinen Gedanken allein. Das Resultat meines Grübelns war ein Gedicht, das ich noch am selben Abend schrieb:

fliegen

mit einem lächeln war sie auf den tisch gestiegen
die spediteure hatten ihn so aufgestellt

dass sie schön nackt zu filmen war
und fliegen wurden losgelassen verteilten sich
aufs fleisch nach lust und laune
und singende geräusche beim sichten
all der unbekannten düfte die ihnen auf japanisch
schwer entgegenströmten und krochen ungeniert
in manche dunkle höhle oder spalte
bis das gehirn vom kribbeln krass erschallte
aus ihrem mund hingegen drang kein laut
als eine fliege unbekannter gattung
sich aufmacht auf den weg ins zentrum
wo sie erdacht ward in der nacht
fühlst du dich wohl so als symbol?

Einigermaßen erschöpft legte ich mich hin und hoffte auf einen erholsamen Schlaf, denn schließlich würden Marie-Ann und ich gemeinsam den Bericht vortragen, den ich für uns im Laufe des Tages aufgeschrieben hatte. Außerdem hatte ich noch dieses Gedicht. Aber ich war nicht sicher, ob ich den Mut hatte, es vorzutragen. Mir schien es ein wenig zu schlüpfrig. Marie-Ann würde mir beim Frühstück hoffentlich einen Rat geben.

Kaum war ich eingeschlafen, sah ich im Traum eine ältere Dame mit Mandelaugen an meinem Bett sitzen. Sie sah mich unverhohlen an, als ob sie wüsste, was ich in meinem Traum fühlte. Aber ich glaubte fest daran, dass es ihr unmöglich sei, es zu wissen. Denn ich hatte es in meinem Körper verschlossen, obwohl es sich immer dringlicher meldete. Die Fliegen waren mir offenbar auf

Magen und Darm geschlagen. Und ich lag da, genierte mich und wurde wach.

Ohne Rücksicht auf die Dame, die plötzlich verschwunden war (ich dachte: alles gesponnen) sprang ich aus dem Bett, rannte zur Toilette und entsorgte meinen Durchfall, so gut es eben ging. Als ich schließlich fertig war, schweren Schrittes zu meinem Bett zurückkehrte, erleichtert seufzte, dass es vorbei war, schlief ich schnell wieder ein. Die japanische Dame hatte ich vergessen. Doch dann war sie wieder da, lächelte rätselhaft und nickte mir zu. Und sie sah aus wie Yoko Ono persönlich. Der Traum ging weiter. Und sie sprach:

„So hat George Maciunas damals den Namen gefunden. So muss es auch ihm gegangen sein. Fluxus - ein medizinischer Ausdruck für... du weißt schon: Durchfall. Damals haben sie es ordinärer ausgedrückt. Es war viel Schrott dabei, aber es hat Spaß gemacht. Wenn ich an das von uns in Toilettenpapier eingewickelte Orchester denke. Und jeder Musiker einzeln verpackt. Nicht irgendein Orchester – nein, das der Carnegie Hall. Glaube ich. Oder ein berühmtes anderes. Weiß nicht mehr genau. Ist auch egal. Hauptsache Spaß gehabt. Was manche Leute damals mit sich machen ließen. Ich staune heute noch. Alles war Kunst. Und mancher dieser Künstler hat viel Money gemacht. Meist waren das nicht die Besten. George, der Arme, ist früh an Krebs gestorben. In Deutschland waren die großen Namen Vostell und Beuys, glaub ich. Haben auch profitiert, wie man mir sagt."

Mit Vostell hatte ich in Berlin zu tun, dachte ich, und sie verstand es. Denn sie sagte:

„Ja, ich erinnere mich. Du bist gelernter Schlosser und hast Metallarbeiten für den Wolf gemacht. Es ist nicht deine Schuld, dass seine Bilder besser waren als die Skulpturen. Na, dann macht es mal gut, Marie-Ann und du. Sie ist wirklich eine Freundin. In meinem Alter gehe ich mediativ in der Welt umher, erscheine den Menschen im Traum und lerne so die Leute näher kennen. Die Japaner lernen viel für ihren Lebensweg – nicht alle, aber einige. Ich hatte eine sehr glückliche Kindheit, in der ich vieles von unseren Weisen und Gelehrten des ZEN lernen durfte. So kam ich zur Traumsprache."

So viel Gerede und das im Traum. Verrückt, dachte ich auch im Traum. Noch verrückter. Ich versuchte, wach zu werden, doch es gelang mir nicht. Oder war ich bereits wach und merkte es nicht? Keine gute Erholung für den nächsten Tag. Träumte ich? Dachte ich? Oder beides zugleich?

Yoko Ono tat, als merke sie nichts von dem, was in mir vorging und setzte ihre Rede fort:

„Macht eure Aufgaben gut, Marie-Ann und du. Bitte nicht vergessen: Bestelle ihr herzliche Grüße. Und ich würde mich bald wieder bei ihr melden Sie will, wenn ich mich recht erinnere, eine wissenschaftliche Arbeit über meine Ausstellung in der Schirn schreiben. Du hast ja schon einiges aufgeschrieben." Sie zwinkerte mir zu.

„Ja, ja, ich weiß: alles für Deine liebe Frau. Respekt. Ich wünsche dir jedenfalls die baldige Gesundung deiner

Verdauung. Wir müssen in unserem Alter auf uns achten", sagte meine Yoko Ono im Traum.

„Und dass du etwas von mir aufgebaut hast, finde ich gut. Plagiate sichern die Erinnerung. Kurz noch zu deinem Gedicht: Es hat mir gefallen, weil es komisch ist. Du hast 'Fly' nicht so verstanden, wie ich es gern gesehen hätte. Trotzdem – Hauptsache Spaß – für dich und für mich. Nun ist aber Schluss. Bis später einmal. Sayonara."

Und es machte leise: Bumm!

Als ich aufwachte, war es mir, als hätte ich Yoko Ono in meinem Traum gesehen. Nein, ich war mir sicher. Sie hatte freundlich zu mir gesprochen, Ratschläge gegeben, einiges aus ihrem Leben erzählt und – nicht zuletzt – Grüße für Marie-Ann bestellt. Die berühmte Yoko Ono war mir im Traum erschienen! Ich könnte es beschwören. Nicht zu fassen! Für ihr Alter hatte sie noch recht jung ausgesehen. Es war ja bekannt, dass in Japan viele noch rüstige Hundertjährige lebten, meist Frauen, die auf den kleinen Inseln in ihren Gärten arbeiteten. Yoko arbeitete auf ihre Art in den Gärten der Kunst und hatte ihren Spaß am Leben. Und so wandelte sie durch die Träume der Menschen in der Welt. Dichtung und Wahrheit im Fluxus vereint. Marie-Ann würde staunen.

Doch sie staunte nicht, denn sie wusste es schon.

„Bitte sei nicht sauer. Wir haben ein wenig getratscht, und da kam es heraus. Sie hat dich sehr gelobt, weil du so viel von ihr verstanden hättest,"

„Keine Ahnung, was du meinst."

„Na die Begegnung mit der Ono und dass ihr gesprochen und euch unterhalten habt."

„Was meinst du denn jetzt mit verstanden? Sprachlich oder die Kunst?"

Erst jetzt wurde mir bewusst, dass ich in meinem Traum nicht wahrgenommen hatte, in welcher Sprache Yoko Ono und ich uns eigentlich unterhalten hatten. Ich hatte sie einfach verstanden.

„Um beides. Aber in diesem Falle um die Sprache. Es ging mir anfangs auch so. Traumgespräche sind international, sozusagen Esperanto. Aber es gibt nur wenige, denen vergönnt ist, es zu erleben. Du bist ein Glückspilz!“

„Jetzt bin ich sprachlos.“

„Der Museumsbesuch hat sich damit doch voll gelohnt. Du hattest so viele Vorbehalte. Und jetzt kennst du auch die Traumsprache. Yoko Ono hat sie wiederentdeckt. Es ist eine uralte Sprache, die irgendwann verloren ging und – durch Zufall oder auch nicht zufällig, darüber streiten sich die Gelehrten – von ihr wiedergefunden worden ist. Bei einem ihrer Fluxus-Performances. Lange Zeit benutzte sie die Traumsprache nur für sich allein und einige wenige Auserwählte. Durch ihre Traumbesuche fand sie dann nach und nach weitere Verbreitung, und jetzt bist du dabei. Ich gratuliere dir. Übrigens, dein Gedicht fand sie richtig gut und komisch. Das finde ich auch. Ihre Intention war es aber, durch die Fliegen den Blick der voyeuristischen männlichen Betrachter von der Nacktheit des weiblichen Körpers abzulenken. Und die

Fliegen haben eine zweite Funktion: Sie symbolisieren die Freiheit des weiblichen Geistes in einer Männergesellschaft. Das ist die spezielle Denke von Ono, die man eigentlich kennen muss, um ihre Werke wirklich zu verstehen. Ist dir nicht vorzuwerfen, dass dir da eine Fehlinterpretation passiert ist. Aber trag es heute besser nicht vor. Meine Kolleginnen sind alle absolute Ono-Expertinnen, ganz zu schweigen von der Dame vom Museum. Nicht böse sein."

„Mir reicht es jetzt", rief ich.

Mir war es plötzlich zu viel geworden. Alles Spinnerei.

„Danke, liebe Marie-Ann und einen herzlichen Gruß an Yoko Ono. Klasse-Vorführung für den Kunstbanausen. Hab ich mir verdient. Du wirst es sicher übersetzen. Ach ja, ist nicht nötig. Kleiner Scherz."

Ich war ganz durcheinander und innerlich aufgeladen. Das konnte doch alles nicht wahr sein. Waren die verrückt oder ich oder wir alle? Aber weshalb hatte ich die Ono im Traum verstanden? Ganz einfach, es war eben nur ein Traum, geträumt in Deutsch. Basta! Marie-Ann saß da und lächelte. Ich rauschte ab. Den zweiten Tag in der Schirn ersparte ich mir.

Ein Jahr später …

Nach einer längeren Bedenkzeit möchte ich noch einige Sätze anfügen. Die Sache mit der sogenannten Traumsprache und die Erscheinung Yoko Onos hat mich seinerzeit wohl überfordert. Der Kontakt zu Marie-Ann besteht nicht mehr. Das Manuskript meines Berichtes über die Ausstellung hat für ein Jahr unberührt und unbearbeitet im Schreibtisch gelegen. Meine Frau hat nie danach gefragt. Merkwürdig!

Heute möchte ich einen Schlussstrich ziehen. Und meine Bilanz fällt – zu meiner Überraschung – positiv aus.

Erstens: Die Welt in Bewegung zu bringen und zu halten als notwendige Maxime menschlichen Handelns – diese Einsicht von Yoko Ono hat mir sehr geholfen, Krisen zu überwinden. Es ist nicht einfach, nach diesem Prinzip zu leben. Es wird leichter, wenn man es als dynamisches, sich auch immer wieder veränderndes Ziel versteht, das man vermutlich nie ganz erreichen wird. Das Motto heißt hier: Der Weg ist das Ziel.

Zweitens: Ein wichtiger Lerneffekt der Ausstellung war die Experimentierfreude von Yoko Ono, die meist mit gesellschaftlichen Tabubrüchen einherging. Das hält individuell und eine Gesellschaft frisch und gibt Neuem eine Chance. Der damit verbundene Humor nach ‚Fluxusmanier' macht Tabubrüche leichter zugänglich und gesellschaftlich akzeptabler. Das gilt auch für die sogenannte Traumsprache, die auf meinem ‚Fluxusmist' gewachsen ist. Aber vielleicht gibt es diese Traumsprache einmal wirklich – Forschungen zur parapsychologischen Kommunikation soll es ja bereits geben.

(3)

MainMärchen

von

Peter Luyendyk

3

Dieser Tag wurde kein Tag wie jeder andere. Alles fing damit an, dass ich zum Angeln ging. Ich angelte relativ selten. Eigentlich nur, wenn ich eine stressige Woche hatte und meinte, in der Natur abschalten und entspannen zu können. Dabei fischte ich gerne nachts oder in den frühen Morgenstunden bei Sonnenaufgang.

Der kommerzielle Angelzirkus an den Weihern, wo täglich einige Kübel Forellen eingesetzt werden, hatte mir noch nie gefallen und deshalb angelte ich lieber am Main.

Besonders in Griesheim und Niederrad gab es einige gute Stellen. Früher hatte ich hier häufiger erfolgreich auf Aal und Zander geangelt.

In dieser Nacht hatte ich allerdings wenig Glück. Die ganze Ausbeute waren zwei kleine Rapfen, die ich selbstverständlich wieder in die Freiheit entließ.

Obwohl der frühmorgendliche Mond sich noch zeigte, kroch in der Ferne das zögerliche Tageslicht schon über die Taunusberge. Die leichte Brise, die immer kräftiger geworden war, wurde zum böigen Wind und brachte kalte Luft mit sich. Ich fing an zu frieren, packte meine Sachen ein und ging ans Wasser, um mir die Hände zu waschen.

Und dann passierte es! Das Unglaubliche!

Nicht mal einen halben Meter von mir entfernt steckte ein Fisch seinen Kopf aus dem Wasser und schaute mich an. Solch eine Sorte hatte ich noch nie gesehen. Sein Kopf war viel dicker als der anderer Fische. Mit seinem Denkerschädel und dem Kussmaul sah er seltsam aus. Seine Fischaugen waren nicht kalt wie sonst. Sie waren außergewöhnlich schön, in der stahlblauen Iris brach sich das Licht wie in den Facetten eines Saphirs.

Ängstlich zog ich mich ein wenig zurück.

„Guten Morgen, du brauchst keine Angst vor mir zu haben", tönte es plötzlich aus dem Wasser.

Ich schaute genau hin. Es war der Fisch! Es war tatsächlich der Fisch, der zu mir sprach.

„Ich wünsche mir sehr, dass du mich rettest. Vor sieben Jahren bin ich hierhergezogen. Damals lebte ich noch im Rhein. Als nach einem Chemieunfall in der Schweiz Tonnen giftiger Pestizide in den Fluss gelangten, der Rhein sich rot färbte und tausende tote Kameraden stromabwärts trieben, bin ich geflüchtet."

Leichte Panik befiel mich, mein Herz raste, mein Mund war trocken. Obwohl meine Knie zitterten, blieb ich fasziniert in der Hocke sitzen und hörte weiter zu.

Der Fisch öffnete sein Maul wieder. Es sah aus, als ob er sich konzentrieren wollte. Er stülpte die Unterlippe über die Oberlippe:

„Und jetzt, um genau zu sein, seit Rosenmontag, ist auch der Main vergiftet und durch irgendwelche Chemikalien verseucht. Angeblich sind sie nur schwach giftig, das behauptete jedenfalls das Unternehmen. Irgendein Umweltminister mit weißen Turnschuhen kam mit vielen Leuten hier ans Ufer, hat alles besichtigt und sofortige Abhilfe versprochen. Aber außer der Zusage, dass die Chemieanlagen künftig inspiziert werden sollen, ist nichts passiert.

Etliche Freunde von mir sind schon verendet. Wirst du mir helfen?"

Ich war immer noch vollkommen perplex. Es verschlug mir fast die Sprache:

„Wie … wie kann ich helfen?"

„Hast du sauberes Wasser daheim und ein wenig Platz für mich?"

Es rotierte unablässig in meinem Kopf. Wurde ich verrückt? Träumte ich eventuell? Ich kniff mich, schloss die Augen und öffnete sie wieder.

Der Fisch war nach wie vor da und schaute mich aus seinen freundlichen linsenförmigen Augen, die er abwechselnd nach vorne und nach hinten verschob, fragend an.

Trotz meiner Bemühungen, mich der Realität zu verschließen, brach sich die banale Erkenntnis in mir Bahn, dass ich hellwach und die Lage zwar surreal, aber konkret war.

Mit einem Minimum an Restverstand sagte ich:

„Nun … ja … wenn das alles ist, was du brauchst."

„Ein wenig Futter und ein Filter wären auch gut. Das kann ich dir alles später noch erklären, ich kenne mich aus. Es soll dein Schaden nicht sein, wenn du mich aufnimmst."

Langsam hatte ich mich der Situation angepasst. Trotz meiner Erregung atmete ich wieder etwas freier.

„Was für ein Fisch bist du eigentlich?"

„Ich bin ein Avatar, mein Name ist Mitsaya."

„Ist Avatar nicht so ein kleiner Junge aus einer Zeichentrickserie?"

„Das Wort ist viel, viel älter. Es stammt aus den fernöstlichen Lehren. Ich bin eine Inkarnation, die in einer bestimmten Zeit zu einem bestimmten Zweck lebt."

„Hochinteressant, hochinteressant", murmelte ich und kniff mich noch einmal heimlich.

„Was warst du früher? Ich meine vor deiner Inkarnation."

„Das weiß ich leider nicht."

„Also, eines Tages wirst du in anderer Gestalt wiedergeboren?"

„Davon gehe ich aus."

„Wann wird das sein?"

„Niemand weiß, wie lange die Seelenwanderung dauert."

„Was willst du so lange machen?"

„Tja, ich habe ja keine Wahl. Wenn der Fluss wieder sauber ist, werde ich weiterschwimmen und das Nichtstun pflegen."

Ich gab mir einen Ruck.

„Einverstanden, du kannst mitkommen. Hast du irgendwo noch Gepäck, das du mitnehmen willst?"

Mitsaya gluckste vergnügt und hüpfte schwungvoll

mit einem Sprung ans Ufer.

„Du hast wenigstens Humor. In meiner Umgebung ist diese Eigenschaft nicht sonderlich ausgeprägt.“

Ich steckte den Fisch in eine Plastiktüte mit Wasser und fuhr mit ihm nach Sachsenhausen in meine Wohnung. Unterwegs hielt ich noch an und besorgte mir ein großes Fischglas und Fischfutter.

Zu Hause bezog Mitsaya seine neue gläserne Wohnung sofort, und wir frühstückten erst einmal gemütlich. Als wir beide satt waren, steckte mein neuer Mitbewohner seinen Kopf aus dem Glas, und wir unterhielten uns.

Vor allem bat er mich, niemandem davon zu berichten, dass er sprechen könne.

„Weißt du, das ist sehr, sehr wichtig für mich. Wenn so etwas bekannt würde, wäre es nur eine Frage der Zeit, bis ich irgendwann für die Wissenschaft auf einem Seziertisch lande. Du musst mir dein Ehrenwort geben“, drängte er.

Ich versprach es.

Mit der nötigen Bedachtsamkeit, so dass man ihm gut folgen konnte, erzählte er mir in der nächsten Stunde viel über sein Leben. Er vertraute mir an, dass er Luft atmen und sowohl im Salz- als auch im Süßwasser leben könne. Wenn es sein müsse, könne er sogar stundenlang ohne Wasser auskommen. Normalerweise war er nur in der Nacht aktiv. Außerdem war er als Zwitter wiedergeboren, was ihn nicht sonderlich störte, da er aufgrund seines Alters der fleischlichen Liebe ohnehin wenig abgewinnen konnte.

„Wie alt bist du denn?“, wollte ich wissen.

„Nach einer Weile habe ich aufgehört zu zählen. Drei- bis viertausend Jahre schätze ich. Als ich das erste Mal am Nil war, wurde gerade die älteste Pyramide gebaut. Dieses Werk hat mir sehr imponiert. Ich verstehe bis heute nicht, wie diese bautechnischen Meisterleistungen damals möglich waren. Viel später war ich noch einmal dort. Das war in der Zeit, als Kleopatra in Alexandria lebte.“

„Du hast dich in deinem langen Leben offensichtlich für vieles interessiert. Wie kam das? Hat das mit deinem früheren Leben zu tun? Warst du ein Gelehrter?“

„Ich weiß es wirklich nicht. Natürlich habe ich mir Gedanken gemacht. Manchmal glaube ich, von der Vergangenheit heimgesucht zu werden. Und, obwohl ich mir viel Mühe gebe, habe ich absolut keine Erinnerung an früher. Ich habe mich damit abgefunden, dass bei mir eventuell gewisse zivilisatorische Tugenden erhalten geblieben sind.“

„Dein Schicksal ist nicht leicht, Mitsaya, du klagst allerdings nicht.“

„Na ja, ich bin bemüht, es wenigstens nicht zur Regel werden zu lassen.“

Mir fiel gerade etwas ein, und ich musste kichern.

„Lachst du mich aus?“

„Nein“, versicherte ich ihm. „Das mit der Seelenwanderung und Wiedergeburt habe ich nie so ganz verstanden. Ich habe mir gerade überlegt, wenn ein Fischer heute mit deiner Seele lebt, wäre es doch möglich, dass er dich morgen fangen könnte."

Mitsaya lächelte still vor sich hin:

„Zellteilung der Seele. Eine interessante Theorie, daran habe ich auch schon gedacht."

Und er berichtete weiter über sein Leben im Fluss, von den vielen übernatürlichen Wesen, die alle im Main lebten. Von Meerjungfrauen, die nach der Vermählung mit einem Menschen eine Seele bekämen.

Er beschrieb auch die lila Männer, die mit bezaubernden Melodien Schiffsjungen und Matrosen von den Rheinschiffen ins Wasser lockten. Letztere wurden leider nie mehr gesehen.

Er sprach über Flussmonster, eine Gruppe von Frauen, die von Medusa angeführt wurde. Sie sammelten die Seelen von Ermordeten und verkauften sie an einen Fährmann in Höchst namens Charon.

Mitsaya beschrieb dreiköpfige Hunde, die vier Augen und Schwimmflossen hatten. Ihr Führer, ein Drachenkönig, war ein blutiger Zeitgenosse, der meinte, dass alle Lebewesen im Fluss ihm gehörten.

Am schlimmsten empfand er die Kappa. Diese Wassergeister sahen affenähnlich aus, ihre Köpfe waren oval, ihre Nasen überproportional lang und ihre Haut gelbgrün. Sie hatten sich auf den Raub von Kindern spezialisiert, denen sie am Ufer auflauerten und deren Blut sie tranken. Sie waren eine männliche Variante der Flussmonster.

Einige wenige Freunde hatte Mitsaya allerdings auch

gehabt, wie zum Beispiel ein siebenköpfiges charmantes Flussmonster, das er, obwohl es auch König der Lügen genannt wurde, gut leiden konnte.

Auch mit Perseus, dem mythischen König von Mykene, der seine Frau aus der Gewalt von Meerschlangen befreit hatte, verband ihn eine lange Freundschaft.

Vor kurzem, in der Römerzeit, hatte er beim deutschen Eck in Koblenz einmal einen anderen Avatar kennengelernt. Befreundet hatte er sich nicht mit ihm, denn dieser strahlte ein ziemlich mieses Karma aus.

Als ich bei einem der ersten Spaziergänge durch Frankfurt mit Mitsaya im Plastikbeutel an der Alten Oper vorbeikam, erkannte er den über dem Eingang prangenden Spruch *Dem Wahren, Schönen, Guten* sofort und räsonierte stundenlang mit mir über Platon.

Beim Überqueren der Alten Brücke bat er mich, bei der Statue Karls des Großen anzuhalten. „Den Mann kenne ich doch“, sinnierte er. „Damals hatte ich mich mit einer weißen Hirschkuh angefreundet. Sie wollte von mir wissen, ob es eine Stelle im Main gäbe, die Menschen gefahrlos durchwaten können. Tatsächlich kannte ich solch eine Stelle.“

Er zeigte wieder auf die Figur des Kaisers.

„Die Hirschkuh hat dem Mann, der von seinen Feinden gehetzt wurde, eine Sandbank gezeigt. So konnte er mit seinen fränkischen Soldaten entkommen. Ich glaube, der Mann war König oder Kaiser. Später wurden die Hirschkuh und ich von ihm zu einer festlichen Feierstunde zur Gründung von Franconofurd eingeladen.“

Mitsaya wusste auch um die große Tradition des Frankfurter Schauspielhauses. Schon nach einer Woche sahen wir Dostojewskis Stück *Der Idiot*. Dabei musste ich den Beutel allerdings immer wieder hochhalten, damit er etwas vom Bühnengeschehen sehen konnte. In der Pause entdeckte er im Foyer das Chagall-Gemälde *Commedia dell'Arte* und erfreute sich wie ein Kind an dem heiteren Farbenkosmos.

Mitsaya liebte das Theater und die Musik. Im Grüneburgpark erlebten wir die Dramatische Bühne mit dem Stück *Der Glöckner von Notre Dame*.

Aber auch der Jazz, den wir nach einem kleinen Ausflug durch den idyllischen grünen Palmengarten hörten und bei dem wir zwei Stunden auf einer Decke aushielten, gefiel ihm gut.

Im Volkstheater schauten wir uns sogar die schwarze Kriminalkomödie *Ein Fisch zu viert* von Wolfgang Kohlhaase an.

Anfänglich hatte ich mich bei meinen Ausflügen mit Mitsaya ein wenig geniert, da die Menschen mich mit meinem Fisch anstierten, als ob ich aus der Klapsmühle entwichen sei. Doch schon lange machten mir ihre vielsagenden Blicke nichts mehr aus.

Mitsaya wurde mir immer wichtiger. Langsam wurden wir Freunde.

Wir tauschten uns aus. Ich informierte ihn über Politik, Kultur und die Eintracht Frankfurt, und er erzählte mir Geschichten über die Menschen und Tiere, die er kennengelernt hatte, über Meere, die er durchschwommen und Flüsse, in denen er gelebt hatte. Zum Beispiel über die vierzig Flüsse in Skandinavien und die dort lebenden Meermänner, die alle grüne Haare und Bärte sowie grünliche Fischzähne hatten.

Er mochte die Trolle mit ihren großen Knollennasen und ihren langen, spitzen Ohren, die zwar sehr scheu, aber auch gemütlich sein konnten, wenn man sie besser kannte. Er schilderte das jährlich stattfindende Wasserfest gegen den Trübsinn, bei dem gegessen und getanzt wurde. Dieses Fest war deshalb so wichtig, weil die meisten Kameraden seiner Gattung stumm waren. Sie konnten einander nicht verstehen und schwiegen in ganz verschiedenen Sprachen.

Auch das Schauspiel beim Unterwassertanztheater hatte ihm immer gefallen. Die harmonische Eleganz und faszinierende Schnelligkeit bei dem grazilen Tanz der Schleierfische, Seepferdchen, Medusen, Schmerlen und roten Neons war immer wieder eine Reise wert. Sogar einige Plattfischarten würden sich manchmal beteiligen.

Er berichtete über die Verwandlung von Romulus, der, nachdem er seinen Bruder Remus erschlagen hatte, als umsichtiger und gütiger Herrscher über die Stadt Rom herrschte. Er erwähnte eine kurzweilige Mahlzeit mit Herakles, den er an der Donauquelle getroffen hatte. Mit Aristoteles debattierte er über die Definition der Seele.

Lebensgefährlich wurde ein Treffen mit Sisyphos, als ihm der Felsbrocken, den dieser bergauf schob, wegrutschte und Mitsaya beinah unter sich begraben hätte.

Mitsayas Erzählungen waren spannend, tiefgründig und lehrreich. Nie langweilte ich mich in seiner Gesellschaft.

Als ich diesbezüglich ein Kompliment machte, sagte er nur:

„Ach, weißt du, ich habe gerne Menschenkunde betrieben."

„Und was ist dein Fazit?", wollte ich wissen.

„Tja", sagte er, „die Menschen sind kriegerisch, habgierig, eitel, faul, neidisch, überheblich und opportunistisch. Andererseits sind sie freundlich, hilfsbereit, geistreich, verantwortungsvoll, aufrichtig, kreativ und sympathisch."

Manchmal gingen wir in Sachsenhausen spazieren, häufig nachts an den Main.

Mitsaya schwamm einige Runden und war meistens nach einer Viertelstunde wieder da. Viel Positives gab es nicht zu berichten, das Gift war noch nicht abgebaut, und er war froh, wieder zu mir nach Hause zu kommen.

Obwohl mein Besucher schon so alt war, wuchs er merkwürdigerweise immer noch. Das Fischglas war bald zu klein für ihn, und ich besorgte ein großes Aquarium, in dem er sich in seinem Element fühlte.

Nach weiteren zwei Jahren war auch dieses zu klein, Mitsaya war jetzt über einen Meter lang, und ich kaufte mir eine alte, gut erhaltene Badewanne, die ich im Souterrain aufbaute.

Der Abschied von Mitsaya kam unerwartet. Eines Tages, Ende August, der Herbst servierte schon seine ersten Farben, waren wir wieder zum Fluss gegangen. Eine bleierne, feuchte Hitze hatte sich über die Stadt gelegt. Meine Glieder waren müde. Ich ließ mich ins Gras fallen, streckte mich genussvoll aus, schloss die Augen und schlief ein.

Dieses Mal dauerte Mitsayas Unterwasserausflug im Main wesentlich länger als sonst. Ich weiß nicht, wie lange ich so dagelegen hatte. Es wurde spät, noch später, und dann langsam hell, als er endlich wieder auftauchte und neben mir auf die Uferböschung hüpfte.

Er schaute mich mit seinen hervorquellenden, gütigen Augen an und zog die Unterlippe ein: „Es ist Zeit für mich, wieder ins Wasser zu gehen", sagte er ernst, „dieses Mal wahrscheinlich für immer."

Das hatte ich nicht erwartet, Mitsaya war mir ans Herz gewachsen.

Betrübt schaute ich ihn an und versuchte abzulenken:

„Hab ich dir schon gesagt, dass du für einen Fisch außergewöhnlich schöne Augen hast?"

Er nickte: „Das habe ich öfters gehört. Ein Philosoph aus Milet, den ich vor langer Zeit im Ägäischen Meer kennengelernt habe, wo er temporär mit einer Wasserfrau aus Indien zusammenlebte, hat mir einmal gesagt, dass das Auge der Punkt ist, in dem Seele und Körper sich vermischen."

Jetzt probierte ich es mit einer Witzelei:

„Wenn wir Menschen sagen, dass wir ins Wasser gehen wollen, bedeutet das nichts Gutes."

Er blieb verbindlich, aber standhaft:

„Ich weiß, du hast mir in den letzten Jahren viel beigebracht. Dafür bin ich dir sehr, sehr dankbar."

„Was willst du bloß machen, Mitsaya?"

„Die Flüsse sind jetzt sauber, ich gehe zurück in den Rhein. Von dort aus komme ich mal wieder ins Ausland. Ich war schon lange nicht mehr in Holland, da hat es mir gut gefallen."

Meine Stimme klang belegt: „Ich werde dich vermissen."

Seine Augen wurden dunkel wie Schiefer. „Ich dich auch. Übrigens habe ich dir, als du mich damals aufgenommen hattest, etwas versprochen."

Er holte einige Male tief Luft und spuckte einen kleinen Knochen aus.

„Ich hatte vor langer Zeit eine gute Freundin, sie hieß Lorelei und war wunderschön. Vielleicht hast du schon mal von ihr gehört. Sie war auf dem Rhein zuhause und sorgte schon früh für ihren Lebensabend vor. In der Nähe einer Flussverengung bei Goarshausen hat sie den Schiffern so den Kopf verdreht, dass sie auf die Felsen fuhren. Die Beute, die Lorelei im Laufe der Jahre dabei machte, muss ansehnlich gewesen sein.

Angeblich heiratete sie später und wohnte in einem kleinen Palast, der aus einem gesunkenen Schiff hergestellt worden war. Lorelei und ihr Mann sind vor vielen

Jahren verstorben, und der Palast ist schon längst vermodert. Aber vor ihrem Ableben hat sie mir diesen Knochen gegeben."

„Und was ist damit?", wollte ich wissen.

„Ich weiß es nicht. Lorelei sagte mir damals, ich solle ihn einem Menschen geben, der gut zu mir war und eine Belohnung verdient hätte."

„Und das bin ich?", gab ich zurück.

„Ja, das bist du zweifelsfrei."

Ich drehte das Knöchlein in meinen Händen und betrachtete es genau. Es war nichts Besonderes an ihm.

„Mitsaya, hat Lorelei nicht noch etwas mehr gesagt?"

Er dachte angestrengt nach. „Du wirst reich beschenkt werden. Es gibt die Legende, dass wenige Schritte vor der *Alten Brücke* direkt am Main Loreleis Palast gestanden haben soll. Du sollst dort hinfahren, einen stabilen Spaten mitnehmen und mit dem Knochen in der Hand das Ufer ablaufen. Du wirst schon sehen, was passiert."

Er schaute mich an und blinzelte. „Von dem, was dort geschieht, was du da findest, darfst du keinem Menschen etwas erzählen, du darfst nichts verraten. Ich wiederhole, keinem einzigen Menschen, verstehst du?"

Ich nickte: „Ja, das ist bei mir angekommen. Aber wieso darf ich nichts sagen?"

„Weil das fatal wäre. Alles würde sich sofort auflösen, und du hättest gar nichts. Es tut mir leid, mehr kann ich dazu nicht sagen."

Ich zuckte mit den Schultern: „Na schön, ich werde

mich an die Spielregeln halten.“

„Das ist gut so. Danke nochmals, es war eine schöne Zeit mit dir.“

Mitsaya sprach's, sprang auf und verschwand in den sich leicht kräuselnden Wellen des Mains.

Noch in derselben Nacht zog ich los, neugierig und voller Unsicherheit.

An nichts anderes konnte ich mehr denken. Ich hatte gewartet, bis es dunkel wurde, denn ich wollte vermeiden, dass man mich sah. Für alle Fälle hatte ich neben der Schippe auch einen Eimer und einen Sack mitgenommen und hoffte, damit nicht zu sehr aufzufallen.

Ich stellte den Wagen am Sachsenhäuser Ufer ab und lief flussabwärts, so nah wie möglich am Wasser entlang.

Glücklicherweise war durch den Vollmond bedingt die Nacht nicht allzu dunkel, so konnte ich genug sehen. Nach einer halben Stunde war immer noch nichts passiert, und ich kehrte frustriert um.

Nervös und angespannt setzte ich mich ins Auto. Der Gedanke, dass ich etwas falsch verstanden oder übersehen haben könnte, trieb mich beinahe zum Wahnsinn. Wie durch eine dicke Nebelwand bahnte sich eine Frage den Weg in mein Bewusstsein. Was, wenn alles nur Blödsinn wäre?

Andererseits … Mitsaya hat's wirklich gegeben.

Was hatte er beim Abschied genau gesagt? Loreleis Palast war wenige Schritte vor der Brücke gewesen. Wann hatte die Frau dort gewohnt? Vielleicht vor Jahrhunderten, wenn nicht vor Jahrtausenden? Was wäre, wenn der Main an bestimmten Stellen versandet war und neues Land hinzugekommen wäre.

Was wäre, wenn …? Moment mal, so könnte es doch sein. Die Stadt war früher viel kleiner gewesen, und ich sollte vielleicht flussaufwärts gehen.

Sofort machte ich mich auf den Weg. Am Himmel zogen dunkle wagnerianische Wolken auf. Ich zog mir die Kapuze meines Parkas über den Kopf, nahm den Knochen wieder in die Hand und lief parallel zum Fahrradweg den Main entlang.

Und plötzlich, als ich schon gar nichts mehr erwartete, passierte es!

Es schien, als ob der Knochen ein ungeahntes Eigenleben entwickelt hätte.

Er bewegte sich, schlug aus, verhielt sich wie eine Art Wünschelrute.

Ich hatte Mühe, ihn in den Händen zu halten, denn er zog mich nach vorne.

Immer weiter, immer schneller. Schwere Regentropfen schlugen auf den Boden auf.

Als ich schon befürchtete, mich nicht mehr halten zu können, beruhigte sich das Knöchlein und lag plötzlich bewegungslos in meiner Handfläche.

Ich schaute auf den Boden. Das abgestorbene Wurzelwerk eines Baumes sah aus wie eine Collage aus kleinen Knochen, ähnlich dem meinigen.

Auf Anhieb war mir bewusst, dass ich hier richtig war.

Äußerlich ruhig, innerlich total aufgelöst, nahm ich

den Spaten und fing an zu graben.

Die Erde war weich und wurzellos, ich musste gar nicht tief buddeln. Nach nur wenigen Minuten stieß ich auf etwas Hartes. Es hatte einen hellen, metallischen Klang.

Vorsichtig grub ich weiter und legte eine Kiste frei. Sie sah alt aus und war mit Zickzacklinien, Palmblättern, Rosetten und Blumen verziert.

Das Herz schlug mir bis zum Hals, kalter Schweiß lief mir den Rücken hinunter. Die Spannung war kaum auszuhalten.

Plötzlich hatte ich Angst.

Die Truhe besaß kein Schloss. Vorsichtig fasste ich den Deckel an den vorderen Ecken an. Er öffnete sich mit einem leichten Knarren.

Erst als er ganz waagerecht stand, schaute ich in die Kiste. Zuerst rieb ich mir verdutzt die Augen, dann schrie ich auf. Dieser Freudenschrei muss kilometerweit zu hören gewesen sein.

Es war … es war … einfach unfassbar! Es war märchenhaft, atemberaubend und komplett irre! Ich hätte Purzelbäume schlagen können!

In der Kiste war … ja, in dieser Kiste war …!

Plötzlich hielt ich inne und musste an Mitsaya denken. Was sagte er doch, bevor er sich verabschiedete?

Du darfst nichts verraten! Sonst hat das fatale Folgen und dann hast du nichts. Überhaupt nichts!

Und das hatte ich ihm versprochen.

Und mit diesem Versprechen werde ich – und werden auch Sie - wohl oder übel leben müssen.

(4)

Endstation Verkehrsmuseum

von

Erika Reichhardt

4

Die Straßenbahnlinie 12 ist wieder gut besetzt. Ich steige am Hauptbahnhof ein, suche mir einen Fensterplatz und fahre einmal mehr nach Schwanheim. Gestern Abend hat mich Toni angerufen und gefragt, ob wir uns treffen könnten. Ich wollte wissen, um was es ginge, und er meinte nur, er müsse dringend mit mir reden.

„Bitte, Jutta!"

Das genügte – genau wie damals faszinierte mich seine Stimme und ließ mein Herz höher schlagen.

Reklameschilder und Hochhäuser verschwinden aus meinem Blickfeld. Am Baseler Platz steigen zwei junge Männer ein, jeder hat eine Fastfood-Box in der Hand. Sie suchen sich einen Viererplatz, um ungestört ihre mitgebrachte Mahlzeit zu verspeisen. Genüsslich fischen sie mit Stäbchen lange Nudeln, Fleisch und Gemüse aus der Box, lachen und bieten sich gegenseitig die mitgebrachte Flasche Cola an. Die ganze Bahn wird durch indische Gewürze angereichert.

Die Fahrt dauert normalerweise achtundzwanzig Minuten, aber die Zeit reicht selten. Der Streckenabschnitt ist alt und wird ständig ausgebessert, manchmal werden auch ganze Schienenabschnitte erneuert, dann wird ein Schienenersatzfahrzeug eingesetzt. An der Haltestelle

Stresemannallee ist Toni früher oft dazu gestiegen, und wir sind zusammen nach Hause gefahren. Oder ich bin ausgestiegen, und wir sind noch auf einen Sprung in der *Buchscheer* eingekehrt.

Die Bahn fährt langsam am Niederräder Ufer und an den Universitätskliniken vorbei. Irgendwo klingelt ein Handy mit einer bekannten Filmmelodie. Ich versuche, die Zeitung zu lesen, die ich mir am Hauptbahnhof gekauft habe, doch die Worte verschwimmen vor meinen Augen. Wir fahren jetzt an meiner Lieblingsstrecke vorbei, dichter Wald auf der einen Seite, Kleingärten auf der anderen, die im Frühjahr ihre bunte Blütenpracht und jetzt im Herbst rotgold gefärbte Blätter zeigen. Ich lehne meinen Kopf an das Fenster und lasse die Reihenhäuser an mir vorbeiziehen. Ich sehe sie so, wie andere sie nicht sehen – bekannt und doch wieder ganz fremd. Die beiden jungen Männer haben ihre Mahlzeit beendet, falten die Boxen zusammen und stecken sie samt Stäbchen in den Abfallbehälter an der Eingangstür in der Bahn.

Meine Gedanken wandern zurück in eine glückliche Zeit mit Toni.

Alles hatte an einem nassgrauen Sonntag vor drei Jahren begonnen, als ich ganz zufällig an der Endhaltestelle der Linie 12 in Schwanheim am Verkehrsmuseum der Stadt Frankfurt gelandet war. Eigentlich wollte ich zur Schwanheimer Düne, aber weil es angefangen hatte zu regnen, ging ich direkt ins Museum.

Voller Spannung, was mich erwarten würde, löste ich an einem Ticketautomaten eine Eintrittskarte.

„Ich bin an einer Führung interessiert, gibt es dafür eine Möglichkeit?“, erkundigte ich mich bei Mitarbeitern am Empfang.

„Sonntags gibt es keine Führungen“, sagte ein Mann liebenswürdig, der sich aus der Gruppe löste, auf mich zukam und mir die Hand entgegenstreckte.

„Hallo, ich bin Toni.“

„Ich bin Jutta“, erwiderte ich und gab ihm die Hand.

Er hatte einen angenehmen Händedruck und hielt meine Hand ein wenig zu lange fest. Da standen wir, um uns herum historische Busse und Bahnen, Eltern mit Kindern, Großeltern mit ihren Enkelkindern, und sahen uns an. Er war es, der als Erster wieder sprach.

„Wir sind hier alle ehrenamtlich beschäftigt und können deswegen Führungen nur nach Vereinbarung und an bestimmten Tagen anbieten. Meistens mittwochs und donnerstags für Kindergartenkinder und Schulklassen, natürlich auch für Erwachsene. Aber solange es heute noch nicht mehr Besucher gibt, kann ich dich gerne herumführen und dir unsere ganz besonderen Exponate zeigen.“

Er führte mich mit schnellen Schritten vorbei an der ersten Elektrischen der Frankfurt-Offenbacher Trambahn-Gesellschaft zu einem besonderen Schatz, wie er es nannte, der ersten Pferdetram.

Ich war überrascht über die umfangreiche Sammlung historischer Fahrzeuge, die da aufgebaut waren.

„Hier steht das Originalfahrzeug der grünen Pferdetram aus dem Jahr 1872.“

Begeistert erzählte er von den Anfängen des städtischen Schienenverkehrs.

„Am 19. Mai 1872 startete die Pferdestraßenbahn mit einem PS auf Schienen vom Schönhof in Bockenheim und fuhr weiter auf der heutigen Leipziger Straße bis zur Bockenheimer Warte, zum Bockenheimer Tor und zum heutigen Opernplatz bis zur Hauptwache. Bei der Betriebsaufnahme kamen etwa zwanzig Pferde zum Einsatz. Kurz vor der Jahrhundertwende waren es mehr als neunhundert Kaltblüter. Am Schönhof entstand ein Straßenbahndepot, das neben den Fahrzeugen auch den Pferden als Unterkunft diente."

Der Mann fuhr sich durch seinen dunklen Haarschopf und zwinkerte mir zu. Mir schoss das Adrenalin in die Adern. Hatte ich dieses Gefühl nicht gerade hinter mir gelassen?

Mit seiner sonoren Stimme lockte Toni noch andere Besucher an, und er las uns eine Bekanntmachung des Chefs der damaligen Frankfurter Trambahn-Gesellschaft vor:

„Es ist mir in letzter Zeit nicht weniger als fünfmal zu Ohren gekommen, dass Kondukteure und Kutscher auf dem Wagen ihre Nase mit den Fingern putzen.

Ich mache darauf aufmerksam, dass dies in hohem Grade unanständig ist und auf die Passagiere, welche der Kondukteur billetiert und welcher ihnen beim Ein- und Aussteigen behilflich ist, einen sehr unangenehmen Eindruck machen muss.

Ich werde streng darauf sehen, dass die Leute sich dieses unanständige Benehmen abgewöhnen."

„Ich hoffe, ich konnte Ihnen einen Eindruck der damaligen Zeit vermitteln“, verabschiedete er lachend die Gruppe.

Mit den Worten: „Na, wie findest du es hier?“, wandte er sich wieder an mich.

Das ‚Du‘ ging ihm so leicht über die Lippen, dass ich nicht auf die Idee kam, es abzulehnen.

„Es ist wirklich interessant, und ich merke, dass es dir großen Spaß macht, hier zu arbeiten.“

„Aber ja. Ich finde es einfach schön, das ganze Wissen über die ehemaligen Bahnen und das damalige Nahverkehrssystem weiterzugeben.“

Dann wurde er zum Telefon gerufen, drückte mir noch einen Prospekt in die Hand und sagte, dass er gleich wiederkäme.

Er hatte mich neugierig gemacht, und ich schlenderte durch die einzelnen Gänge, setzte mich auf eine Bank und las in dem Prospekt, dass das Schwanheimer Verkehrsmuseum am 8. Mai 1984 unter großem Andrang der Bevölkerung eröffnet worden war. Ich erfuhr, dass die Ausstellungsfläche aus zwei Gebäudekomplexen besteht, der Museumshalle West mit rund 1.600 Quadratmetern Ausstellungsfläche und der Museumshalle Ost mit circa 600 Quadratmetern, sowie einem Außengelände mit einem historischen Bahnhofsgebäude.

Toni kam mit einer Kollegin an seiner Seite zurück.

„Das ist Sandra Gross“, sagte er. „Eigentlich ist sie für die Führungen zuständig und würde dir gerne noch einige Exponate zeigen.“

Sandra führte mich zu einer Elektrischen und zeigte mir, wie die Fahrer die Kurbel bedienten, und dass sie noch selbst die Bremsen und auch die Scheibenwischer per Hand betätigen mussten. Wir gingen weiter zu den historischen Signalanlagen, Fahrmotoren und Fernsprechanlagen. Schaufensterpuppen standen in Reih und Glied direkt neben dem Eingang und trugen die ehemalige Dienstkleidung mit Kopfbedeckung und der Fahrkartenbox, die jeder Schaffner um den Hals getragen hatte. In einem Schaukasten wurden eine ganze Fahrscheinsammlung und der damalige Fahrscheindrucker gezeigt. An der Wand hing eine umfangreiche Fotosammlung der alten Fahrzeuge.

„Insgesamt haben wir dreißig historische Fahrzeuge, die ständig gepflegt und ergänzt werden müssen. Erst kürzlich haben wir zwei alte Wagen aus einem Depot in Eckenheim erhalten, die unter einer Plane versteckt die ganzen Kriegsjahre unbeschadet überstanden haben", erzählte Sandra voller Stolz.

„Uns hat auch privat die Sammelleidenschaft gepackt. Manchmal gehen wir zusammen auf Antik-Märkte und entdecken meistens etwas, das entweder hierher passt oder bei uns zu Hause seinen Platz findet."

„Ich komme bestimmt wieder", versicherte ich ihr beim Abschied und wollte gerade zum Ausgang gehen, als Toni plötzlich vor mir stand.

„Gib mir doch deine Handynummer, dann kann ich dich mal anrufen, wenn wir wieder neue Exponate bekommen haben oder Ausstellungen geplant sind."

„Gerne, ich komme vielleicht mit dem Fahrrad, wenn es nicht regnet."

„Du fährst Fahrrad? Hier gibt es wunderbare Strecken. Wir könnten uns ja mal treffen."

„Ja, können wir machen. Ich bin oft mit dem Rad unterwegs, am liebsten wenn die Sonne scheint!"

Damals stieg ich auch wieder in die Linie 12 und dachte über unsere Begegnung nach. *Bitte Platz nehmen* ging mir die Bekanntmachung von 1886 durch den Kopf. *Es werden heute in sämtlichen geschlossenen Wagen Feldstühle verteilt.* Ja, so war das damals. Als mein Handy klingelte, klopfte mein Herz. Aber es war nur meine Mutter, die mich in Frankfurt besuchen wollte.

Auf Tonis Anruf musste ich fast sechs Wochen warten. Ich hatte schon nicht mehr damit gerechnet.

Dann kam endlich der ersehnte Anruf, wir verabredeten uns, gingen zusammen essen, auch hin und wieder ins Verkehrsmuseum, was mich immer mehr begeisterte. Manchmal schlenderten wir durch den Schwanheimer Wald, bis Toni mich wieder zu meiner Haltestelle begleitete.

Eines Tages meinte er: „Heute habe ich eine Überraschung für dich. Ich zeige dir mal das Museum von einer ganz anderen Seite. Komm mit, du wirst staunen."

Er nahm ganz lässig den Schlüssel aus der Jackentasche, steckte ihn ins Schloss der Museumstür und schaute mich vielsagend an. Ich weiß es noch genau, ich bekam Gänsehaut am ganzen Körper.

„Schnell, rein."

Mit der Taschenlampe in der einen Hand zeigte er mir den Weg zur Pferdetrambahn, die andere Hand legte er um meine Taille. Wir stiegen in die alte Pferdebahn. Zwei Sektgläser und eine Flasche Piccolo standen auf der Sitzbank. Er schlang seine kräftigen Arme um mich, küsste mich und wollte mich gar nicht mehr loslassen.

Kurze Zeit später zog ich in das Haus, das er vorher mit seiner damaligen Frau bewohnt hatte. Ich hätte gerne woanders gewohnt, weil das Haus vollgestellt war mit Möbeln seiner Ex. Sie hatte Schubladen beschriftet für seine Strümpfe, Unterwäsche, Sommer- und Winterwäsche. Auch Hemden und Pullover hatten ihren Platz, von ihr angeordnet, und durften nicht verändert werden.

„Ich bin ein Chaot, ich sammle alles und kann wenig wegwerfen. Ich bin halt nicht in einer Wegwerffamilie groß geworden. Als Kind hatte ich nur ein paar Kleidungsstücke, kaum Spielzeug und musste mit wenig zurechtkommen. Deswegen bin ich ganz froh, dass Anna mir die Schränke so eingerichtet hat, dass ich meine Kleidung schnell wiederfinde."

Als ich ihm vorschlug, das Haus so einzurichten, dass es auch meinen Vorstellungen entsprach, meinte er: „Die Möbel sind doch noch in Ordnung. Irgendwann werden wir uns neue Möbel kaufen, ganz nach deinem Geschmack, Liebes."

„Was ist eigentlich mit deiner Ex?", hatte ich ihn zu Beginn unserer Beziehung gefragt.

„Wir haben uns getrennt, sie ist nach Indien gegangen, leitet dort einen Yogakurs und hat anscheinend ihr Glück gefunden.“

Mehr hatte ich ihm zu dem Thema nicht entlocken können.

Ich wollte etwas Eigenes. Mit dem blauen Designersofa, das wir bei Ebay ersteigerten, konnte ich mich durchsetzen. Es war ein besonders weiches Sofa mit voluminösen Polstern und kurzen Holzbeinen. Ein echtes Schnäppchen, fand meine Mutter, und Toni fand das auch. Das hatte noch Platz im Wohnzimmer.

Es war eine wunderbare Zeit damals. Wir fuhren oft mit dem Fahrrad an die Schwanheimer Düne, liefen auf Bohlen durch die einmalig schöne Dünenlandschaft, die aus der letzten Eiszeit aus Sanden aus dem Main entstanden war. Ich war erstaunt über den bizarren Kiefernwuchs, der uns an eine Landschaft an Meeresküsten erinnerte. Auch die typischen Pflanzen einer Düne, wie Silbergras und Sand-Grasnelken, waren vertreten.

Wir setzten uns mit dem Picknickkorb ans Mainufer und schauten der Fähre zu, die unermüdlich von Höchst nach Schwanheim fuhr und wieder zurück. Manchmal fuhren wir mit und aßen in Höchst im Gasthaus *Zum Bären* Grüne Soße mit Bratkartoffeln und tranken dazu ein Gläschen Wein. Am Mainufer machten wir es uns in den Liegestühlen gemütlich und lauschten der Musik aus den Lautsprechern. Oder wir grillten im Garten mit Freunden.

Abends auf unserem blauen Sofa ließen wir bei einem guten Krimi den Tag ausklingen. Sonntags ging Toni fast immer ins Verkehrsmuseum. Manchmal holte ich ihn abends ab und streifte noch durchs Museum, während Toni seine Führungen machte, von Wagen zu Wagen, und die Fragen seiner Besucher beantwortete.

Nach einiger Zeit ging ich wieder meinem Hobby nach und besuchte an der Volkshochschule einen Keramikkurs. In vorherigen Kursen hatte ich mich schon mit der Materie auseinandergesetzt, Entwürfe angefertigt, Ton aufbereitet, modelliert, gedreht und dekoriert. In dem neuen Kurs wollte ich meine eigenen Ideen verwirklichen. Ich fertigte kleine Schälchen an, die ich hell- und dunkelblau, senfgelb und kaminrot bemalte, auch olivgrüne und kirschrote kamen dazu. Die wurden gebrannt, und nach zwei Wochen konnte ich sie in der Keramikschule abholen und in der Küche ins Regal stellen. Es machte Spaß zu sehen, was meine Hände aus dem Klumpen Ton geschaffen hatten. Das sonst so triste dunkelbraune Regal wurde dadurch aufgefrischt, und die Küche bekam meine eigenen Akzente. Toni benutzte die kleinen Gefäße gerne für Kräuter und Gewürze. Wir kochten oft zusammen. Samstags ging Toni in den Schwanheimer Wald zum Joggen und brachte auf dem Heimweg vom Bäcker frische Brötchen und Croissants mit. Wir frühstückten im Bett. Es schien alles so stimmig.

Eines Tages teilte mir Toni mit, dass er zusammen mit seinen Fußballkumpels ein verlängertes Wochenende in Kopenhagen verbringen wolle.

„Prima“, sagte ich, „da war ich auch noch nicht. Wann soll‘s denn losgehen?“

„Du, das ist nur so ’ne Männerrunde. Wir machen das jedes Jahr. Ein verlängertes Wochenende mit ein bisschen Sport und so. In Kopenhagen wollen wir eine Stadtbesichtigung mit dem Fahrrad unternehmen und auch ein wenig feiern.“

„Warum kann ich da nicht mit? Geht keine von den Frauen mit?“

„Nein, nein, unsere Frauen unternehmen meistens etwas zusammen, machen einen Einkaufsbummel in Frankfurt oder verbringen einen Wellnesstag in Bad Homburg. Du kannst ja mal bei Petra oder Sandra nachfragen, was die so vorhaben.“

Gleich nach seiner Ankunft schickte er mir eine WhatsApp mit Bildern von der kleinen Meerjungfrau, Toni lachend mit all seinen Freunden auf dem Fahrrad – offensichtlich ging es ihm gut. Ich freute mich auf seine Rückkehr.

Als ich am Samstag von meinen Einkäufen nach Hause kam, empfing mich im Flur eine Katastrophe. Wasser lief ununterbrochen durch den Flur, die Küche und auch ins Wohnzimmer. Der Horror schlechthin. Ich rannte in den Keller, drehte mit aller Kraft den Hauptwasserhahn zu und watete mit nackten Füßen durch die Pfützen. Ich fand ein paar Gummistiefel, die im Keller standen. Vielleicht waren die noch von seiner Ex, es war mir vollkommen egal. Schließlich schickte ich an Toni eine WhatsApp mit Bildern der Wassermassen.

Liebe Wasserfrau, antwortete er gleich,

es tut mir so leid, dass ich jetzt nicht zu Hause bin. Ich habe von hier aus schon den Installateur gebeten, dir zu helfen. Wir kennen uns gut, er wird gleich vorbeikommen. Mach dir keine Sorgen wegen der Wasserschäden. Das bringe ich selbst wieder in Ordnung.

Tatsächlich klingelte es bald darauf, und ein etwas korpulenter älterer Mann in Handwerkskleidung stand vor mir.

„Ich bin Max", stellte er sich vor, „Max Schubert. Toni hat mir schon gesagt, dass Sie hier wohnen und jetzt das Haus hüten. Und dann so was." Er stieg in den Keller und überprüfte den Hauptwasserhahn. Eine Schraube war gebrochen.

„Das kriegen wir schon wieder hin. Ich repariere in Schwanheim und Umgebung viele Häuser. In Ihrem war ich auch schon öfter, is'n altes Haus, da passiert das schon mal. Toni ist ein alter Kunde von mir. Keine Sorge, ich helfe Ihnen."

Er musste in seine Werkstatt und das passende Schraubenset holen, kehrte bald darauf zurück, reparierte den Wasserhahn und half mir, Tische und Stühle ins Freie zu tragen, die alte Standuhr vom Flur in den Wintergarten zu transportieren und vor allem mein geliebtes, neu erworbenes blaues Sofa zu retten. Die dünnen Holzbeine waren ganz nass, und ich rieb sie mit Tüchern trocken. Der Installateur legte den Boden mit Zeitungspapier aus, und nachdem ich zum letzten Mal den Putzlappen ausgewrungen hatte, fiel ich mit einer Flasche Bier in der Hand auf mein Sofa. Es war feucht und klamm, und ich wünschte mir, dass Toni dagewesen wäre, seine Arme um mich gelegt und mich mit seiner warmen Brust an meinem Rücken gewärmt hätte. Der Blödmann war aber nicht da.

Am nächsten Morgen traf ich eine Entscheidung, die ich bisher vor mir hergeschoben hatte:

Sobald Toni wieder zurück war, würden wir das Haus nach meinen Vorstellungen einrichten.

Als Toni endlich wieder von seiner Kurzreise nach Hause gekommen war, hatte er mir eine kleine dänische Silberkette mit Herzanhänger geschenkt.

„Für all die Arbeit, die du hattest. Wir sollten mal zusammen nach Kopenhagen fahren, es würde dir bestimmt gefallen."

„Ja, das glaube ich auch. Aber jetzt müssen wir erst einmal für ein trockenes Zuhause sorgen. Und wir müssen uns Gedanken darüber machen, wie wir das Haus nach unserem Geschmack einrichten. Hier erinnert ja vieles noch an Anna und ich fühle mich dadurch immer noch als Fremde. Was meinst du dazu?"

„Ja, du hast ja recht. Wir wollen alles mit Ruhe angehen", war seine ausweichende Antwort.

Die nächsten Wochen waren mit Renovierungsarbeiten ausgefüllt, Toni war endlich bereit, sich von einigen Möbeln zu trennen. Mein geliebtes blaues Sofa hatte mehr Schaden genommen, als es zuerst den Anschein hatte. Es brauchte mehr Zeit zum Trocknen als gedacht. In diesen Tagen, in denen ich versuchte, unser Heim nach meinen Vorstellungen einzurichten, war ich so beschäftigt, dass ich nicht bemerkte, wie Toni immer einsilbiger wurde. Das wurde mir erst klar, als meine Mutter einige Zeit später half, unser Chaos aufzuräumen. Sie stand mit uns in der Küche und meinte:

„Ist bei euch noch alles in Ordnung? Ihr redet nicht viel zusammen."

„Aber ja", sagte Toni schnell, „was soll sein?"

„Natürlich", pflichtete ich ihm bei, „wir haben im Moment viel Stress wegen des Wasserschadens. In ein, zwei Monaten haben wir alles wieder im Griff. Du wirst sehen, es wird alles viel schöner als vorher. Wir wollen uns auch die Küche neu einrichten. Und wenn wir den Wintergarten wieder aufgeräumt haben, will ich mir eine Keramikwerkstatt einrichten. Auf Flohmärkten könnte ich die Produkte verkaufen. Engel und Anhänger zu Weihnachten, Vasen, Krüge und Becher oder Schälchen im Sommer. Toni, was meinst du dazu?" Ich war in Fahrt gekommen und erzählte zum ersten Mal von meiner Idee.

„Ich wusste gar nicht, dass du so etwas planst. Hast du denn Erfahrung mit dem Verkauf von Keramik?"

„Nein, natürlich nicht. Aber ich kann doch auch mal was Neues ausprobieren. Ich mache gerne mal was ganz anderes. Sonst wäre ich ja auch nicht bei dir eingezogen", fügte ich lachend hinzu.

„Lass uns erst einmal alles wieder in Ordnung bringen, dann sehen wir weiter."

Da war er wieder – der zögerliche Toni. Ein Zögern, das mich schon seit langem an ihm störte.

Ein paar Wochen später musste ich für zwei Tage zu einer Weiterbildung meiner Firma nach Berlin. Nach der Rückkehr hatte Toni mich von der Bahn abholen wollen. Ich wartete lange, aber er kam nicht. Das Museum war geschlossen, es war ja kein Sonntag, also konnte er auch nicht bei seinen so geschätzten Exponaten sein. Oder war vielleicht eine Sonderausstellung angesagt und ich hatte es vergessen? Ich versuchte mehrmals, ihn übers Handy zu erreichen, aber es sprang nur die Mailbox an. Ich hinterließ eine Nachricht und bat ihn, schnellstmöglich zurückzurufen. Aber es kam kein Rückruf.

Zu Hause angekommen, schloss ich die Haustür auf und rief seinen Namen. Es kam keine Antwort. Ich ging in die Küche. Von Toni keine Spur. Sein Handy lag auf dem Tisch und summte gerade. Ich schaute auf das Display. Eine SMS war eingegangen:

Mein lieber Toni, ich freu mich so, dich bald wiederzusehen. Holst du mich am Flughafen ab? Kuss xxx

Es verschlug mir die Sprache. Er hatte eine Freundin. Wer sonst beendet eine Nachricht mit einem Kuss und drei Kreuzchen?

Ich wartete angespannt auf Toni, hörte, wie er den Schlüssel im Schloss umdrehte, ließ ihn kaum eintreten, hielt ihm das Handy vor die Nase und überfiel ihn sofort mit meiner Frage:

„Wer ist das?"

„Lass mich erst einmal reinkommen. Ich kann dir das erklären", sagte er, „wirklich, es ist nicht so, wie es aussieht."

„Wie ist es denn?", fragte ich fassungslos. „Vor allem, wer ist es?"

„Reg dich bitte nicht auf und lass uns in Ruhe darüber reden. Setz dich doch erst einmal hin. Ich muss was trinken."

Widerwillig setzte ich mich auf einen Stuhl und beobachtete, wie er umständlich Tee zubereitete. Die Stille zwischen uns dehnte sich aus, bis er sich endlich setzte.

„Was ist los, sag schon. Hast du eine Freundin?"

Er zögerte und auf einmal begriff ich.

„Kommt deine Exfrau zurück?"

Er betrachtete mich abwartend. Ich sah, wie er mit sich kämpfte.

„Ja, sie will wiederkommen."

Ich holte tief Luft. Ich fühlte mich schrecklich. Noch gestern war ich mir so sicher gewesen, dass Toni der Richtige für mich sei. Und dann erzählte er mir aus heiterem Himmel, dass diese Frau, die seit geschlagenen zwei Jahren in Indien war, plötzlich wieder zurückkommen würde und offensichtlich meinen Platz einnehmen sollte.

„Es tut mir so leid, wirklich", sagte Toni und versuchte mich zu umarmen. Aber das wollte ich nicht, nicht jetzt.

„Ich weiß es selbst erst seit gestern, aber du warst nicht da, und telefonisch wollte ich dir nicht mitteilen, dass Anna wiederkommt. Anna geht es schlecht, furchtbar schlecht. Deswegen will sie wieder nach Hause kommen, und ich habe ihr zugesagt."

„Nach Hause, ich dachte es wäre dein Haus? Ich bin immer davon ausgegangen, dass sie nicht wiederkommt. Sonst wäre ich gar nicht hier eingezogen."

„Wir hatten uns getrennt, sie wollte unbedingt nach Indien. Das Haus haben wir damals zusammen gekauft, und eine Hälfte gehört ihr. Wir hatten das so vereinbart, dass sie wieder hier wohnen kann, wenn sie zurückkommt."

„Wie meinst du das? Sollen wir hier etwa zu dritt wohnen?"

„Es ist sicher nur für kurze Zeit, das weiß ich. Anna bleibt nie lange."

Wortlos ging ich in unser Schlafzimmer, legte mich ins Bett und zog die Decke über den Kopf. In Gedanken packte ich schon meinen Koffer. Aber wo sollte ich hin? Zu meiner Mutter? Zu einer Freundin aus dem Keramikkurs?

Toni kam zu mir ins Zimmer und setzte sich auf die Bettkante.

„Du solltest jetzt nichts überstürzen, wohin willst du denn gehen?"

„Warum hast du mich nicht in eure Überlegungen einbezogen? Wenn wir hier alle zusammen wohnen sollen, wie soll das gehen? Hast du dir schon darüber Gedanken gemacht? Und überhaupt, wann kommt deine Anna denn?"

„Zuerst, es ist nicht meine Anna. Wir haben uns getrennt, aber wir sind Freunde geblieben. Und sie kommt in ein paar Tagen. Wir sollten uns dann zusammensetzen und überlegen, was wir machen können. Wenn ich sie richtig verstanden habe, muss sie sich einer ärztlichen Behandlung unterziehen. Sie wird also gar nicht permanent hier wohnen, und was sie danach machen will, weiß ich auch nicht. Sie ist früher schon immer mal für längere Zeit verreist, sie wird auch diesmal nicht lange bleiben. Davon bin ich überzeugt."

„Aber du weißt es nicht. Und ich soll so lange warten oder wie?"

„Wir sind kein Paar mehr, wenn du das meinst, aber wir sind Freunde, und Freunde helfen sich gegenseitig. Du musst nicht eifersüchtig sein, sie ist Vergangenheit."

„Ich brauche Abstand. Lass mich jetzt einfach alleine!"

Am nächsten Morgen ging ich wie durch dichten Nebel die Straße entlang. Völlig in Gedanken betrat ich ein Café. Tonis Kollegen aus dem Museum saßen an einem Tisch. Doch da war es zum Umkehren schon zu spät. Sie starrten mich verlegen an. Sie wussten also auch schon, dass Anna zurückkam.

Sandra und die anderen aus dem Museum kamen auf mich zu und umarmten mich. Damit hatte ich nicht gerechnet.

„Es gibt keine Garantie für das Glück", sagte einer

aus der Gruppe.

„Komm, setz dich doch zu uns. Weißt du, Anna ist schon früher immer mal weggegangen. Sie braucht das, die Ferne, das Nachhausekommen ebenso. Toni hat darunter gelitten, hat sie bei ihrer Rückkehr aber immer wieder aufgenommen. Wir haben geglaubt, dass er jetzt besser damit umgehen kann. Seitdem du da bist, meine ich, meinen wir“, fügte Sandra noch hinzu.

„Was willst du jetzt machen?“

„Das ist für mich eine völlig neue Situation, ich weiß noch nicht, wie es weitergeht. Ich brauche erstmal Abstand.

Die folgenden Tage lagen leer, wie ausgewalzt vor mir. Zunächst wohnte ich bei meiner Mutter, die nur wenige Fragen stellte. Dafür war ich ihr dankbar. Schließlich fand ich eine eigene kleine Wohnung im Zentrum.

Von Toni hörte ich lange nichts. Dann kam der Anruf. Er wollte mich treffen. Ich zögerte, verabredete mich schließlich doch mit ihm an der Endstation der Linie 12. Ich konnte ihn einfach nicht vergessen, trotz allem. Und jetzt saß ich in der Bahn und war nach langer Zeit mal wieder auf dem Weg zu ihm.

„Ich freue mich, dich wiederzusehen.“

Er tat, als sei nie etwas gewesen. Er hielt einen Schlüssel in der Hand.

„Komm mit, du wirst staunen“, sagte er.

Toni steckte den Schlüssel ins Schloss der Museumstür und führte mich mit der Taschenlampe in der Hand zur alten Pferdetrambahn. Zwei Sektgläser und eine Flasche Piccolo standen auf der hölzernen Sitzbank – wie damals, als alles begonnen hatte. Er öffnete die Flasche, schenkte ein, reichte mir ein Glas, schaute mich strahlend an und prostete mir zu.

„Auf uns! Du siehst gut aus, Jutta, und du bist mir immer noch wichtig."

Ich musste mein Gesicht abwenden, damit er nicht meine Tränen sah. Er legte tröstend seine Hand auf meine Schulter.

„Es tut mir leid, wirklich."

Ich musste tief Luft holen. Das hatte ich doch alles schon einmal erlebt.

Ich stellte mein Glas langsam zurück auf die Sitzbank, drehte mich um, stieg die eisernen Stufen der Pferdebahn hinunter und ging zum Ausgang.

(5)

Der Bücherschrank *oder* Eine Muse von Apoll

von

Irmgard Schürgers

5

Meine Finger ruhten auf der Tastatur, während ich aus dem Fenster starrte. Die Muse wollte mich einfach nicht küssen. Ursprünglich hatten sich die Musen um Apoll versammelt, den Gott der schönen Künste. Wie konnte ich hoffen, dass sich auch nur eine von ihnen zu mir verirrte?

Unten auf der Straße stand der Bücherschrank. Würden meine Bücher auch in einem dieser Bücherschränke landen? Würden sie viel oder wenig gelesen? Würden sie gefallen? Würden sie Herzen erreichen, Gemüter erhitzen?

Mein letzter Roman hatte einen Preis bekommen. Der Vorschuss für den nächsten lastete schwer auf mir. Mein Verlag glaubte an mich. Ich fühlte mich ausgelaugt.

Das wurde heute nichts mehr mit der Konzentration. Draußen dämmerte es bereits. Es war nicht mehr richtig Sommer, aber auch noch kein Herbst. Diese merkwürdig schwebende Zeit, in der man die Hitze noch nicht vermisst, weil man sich den Winter gar nicht vorstellen kann. Wo man die Milde genießt und das Gefühl hat, die Zeit bliebe stehen.

Mein Blick glitt über das Café am Merianplatz. Im hinteren Teil des achteckigen Baus war früher ein Badehaus untergebracht. Eine Zeit ohne Bäder und Duschen in den Wohnungen. Ich schüttelte mich, stand auf und holte mir ein Glas Wein. Ein letzter Versuch.

Der blinkende Cursor verharrte auf der Stelle. Ich beobachtete die Menschen, wie sie in den umliegenden Geschäften oder Kneipen verschwanden, wie sie auf ihren Wegen wie die Ameisen imaginäre Linien hinterließen, die keinen Sinn ergaben.

Der Bücherschrank geriet wieder in meinen Blick. Gerade stellte eine junge Frau ein paar Bücher hinein. Sie suchte freie Lücken, schob die Bücher in unterschiedliche Regalfächer und ging davon. Mein Fenster im ersten Stock des alten Hauses schränkte den Blick ein. Was ich gesehen hatte, hatte mir gefallen. Sie war meine Muse.

Ich stand auf und ging hinunter zum Bücherschrank. Ich hatte nichts zu verlieren. Finde mich, Buch, dachte ich, und tastete mit den Augen die Bücherreihen ab, bevor ich drei herausnahm.

Die Bücher lagen nun auf meinem Schreibtisch. Ich hatte absichtlich vorher nicht in ihnen geblättert, hatte sie betrachtet, befühlt, dann herausgenommen und an ihnen gerochen. Ich bildete mir ein, sie hätten gewollt, dass ich sie nehme. Als Schriftsteller konnte man sich Verrücktheiten leisten. Eigentlich war es fast eine Pflicht. Langsam schlug ich das erste Buch auf.

Eine Geschichte über die Brentanos. Sie stammten ursprünglich aus Italien, aus Tremezzo am Comer Seer. Wie schön. Ich hatte ein Haus am Gardasee. Ich las über Clemens Brentano, den Schriftsteller. Wenn das Buch wirklich von ihr war – ich war davon überzeugt, interessierte sie sich für ähnliche Themen wie ich. Sie war eine Seelenverwandte. Ich könnte sie einmal durch den Brentanopark führen, ihr das Petrihaus zeigen. Oder kannte sie das alles bereits?

Das zweite Buch war ein Bildband. Groß, sperrig, ein wenig zerfleddert. Ein Buch über Rodin. Wie konnte man solche Bücher in einen Bücherschrank stellen?

Ich betrachtete die kraftvollen Skulpturen von Rodin, die Liebespaare mit ihren verschlungenen Gliedern, aber auch das Höllentor. 37 Jahre hatte er daran gearbeitet, bis zu seinem Tod. Man sagte von Rodin, er habe den Tag nicht mit einem Frühstück, sondern mit Geschlechtsverkehr mit einem seiner Modelle, wenn nicht mit mehreren, begonnen. Was für ein Freigeist. Rodins Potenz war mehr als ein Mythos. Sie machte den Markenkern seiner Künstlerschaft aus. Auch Camille Claudel, seine Gefährtin, sein Modell, seine Geliebte, hatte ihm Inspiration gegeben. Das fehlte mir.

Ich steigerte mich immer weiter in die Fantasien mit der schönen Fremden hinein.

Vielleicht studierte sie Kunst oder Kunstgeschichte. Gerne würde ich sie noch einmal sehen, überprüfen, ob sie mir wirklich gefallen könnte. Seit ich allein lebte, hatte ich viel Zeit. Lisa war ausgezogen. Ein leises Bedauern war zurückgeblieben. Ich sah gut aus. Immer noch. Bei meinen Lesungen erntete ich Blicke. Nicht alle nur interessiert, auch Begehrlichkeiten sprachen aus ihnen. Auch junge Gesichter waren darunter. Ich müsste nur zugreifen, mich entscheiden, eine von ihnen ansprechen. Bisher hatte ich es dabei belassen, keine Lust verspürt, mich erneut auf dieses ewige Spiel zwischen Mann und Frau einzulassen.

Ich holte mir ein weiteres Glas Wein aus der Küche, klappte den Laptop zu und widmete mich dem dritten Buch.

„Paris geheim“ von Georg St. Troller. Es war ein Taschenbuch und versprach dem Leser, ihm an die 400 alte und neue Orte von Paris zu zeigen. Ich war mehrfach in Paris gewesen und kannte die meisten Arrondissements. Paris konnte nervig sein, hatte aber auch die herrlichsten Plätze und Bauwerke, die ich bei meinen Besuchen kennen- und lieben gelernt hatte.

Meine Gedanken schweiften ab. Die Weinflasche war leer und ich verspürte Hunger. Die Auswahl der Kneipen auf der Bergerstraße war groß. Ich beschloss, ins Mirador zu gehen.

Nachts träumte ich von ihr. Es war ein sehr sinnlicher Traum. Träume ließen einen ja oft Gefühle viel intensiver empfinden, als sie in der Realität waren.

Meine Geschichte kam nicht voran. Dafür ging mir den ganzen Tag meine „Muse“ nicht aus dem Kopf. Ich versuchte, die Gefühle der Nacht zu konservieren, sah verschlungene, schweißglänzende Leiber vor mir, sah sie vor mir, ihr Gesicht voller Lust…

Ich riss mich los von meinen Fantasien, schrieb ideenlos, löschte, schrieb um, schrieb neu. Immer wieder schaute ich aus dem Fenster und ließ mich nur zu gerne ablenken.

Einige Tage später tauchte sie wieder auf. Sie kam aus dem Basic-Bioladen und setzte sich danach ins Café am Merianplatz. Ich hatte mich nicht getäuscht. Sie war hübsch, eher schön. Sie trug hautenge Jeans und einen grünen Pulli. Ihr schwarzes Haar glänzte in der Sonne. Ihren Rucksack hängte sie über die Stuhllehne, bestellte etwas bei dem Kellner und wandte ihr Gesicht dann der Sonne zu. Sie hatte die Augen geschlossen, war ganz Genuss. Ich konnte die Wärme auf ihrer Haut förmlich fühlen und musste mich zusammenreißen, nicht zu ihr hinunterzugehen. Dazu fehlte mir dann doch der Mut. Ich könnte ihr Vater, wenn nicht ihr Großvater sein. Sie öffnete die Augen, und ich hatte das Gefühl, sie schaue direkt zu meinem Fenster hinauf. Ich gab ihr in Gedanken den Namen Anna. Der Name war alt und modern zugleich, deutsch und doch international. Anna, französisch mit der Betonung auf der letzten Silbe, würde mir ebenfalls gefallen.

Ich beobachtete sie die ganze Zeit. Stellte mir vor, mit ihr durch Frankfurt zu schlendern, mit ihr ins Städel zu gehen, zuzuschauen, wie sie mit ihrer Hand über den kalten glatten Marmor der Rodinskulpturen strich, für die sie sich offenbar interessierte, erkunden, was sie mochte, was nicht. Sie hatte ein gleichmäßiges Gesicht, in dem der volle Mund dominierte.

Sie war aufgestanden, ging mit ihrem Rucksack zum Bücherschrank und stellte wieder zwei Bücher hinein.

Dann zog sie unentschlossen einige Bücher aus den Regalen heraus, blätterte sie durch, stellte sie wieder hinein. Zwei Bücher packte sie in ihren Rucksack und schlenderte langsam über den Merianplatz davon.

Es war einiges los heute da unten. Ich hatte mir bisher keine Gedanken darüber gemacht, wie viele Menschen ihren Lesebedarf auf diese Art und Weise deckten. Ein älterer Mann und eine junge Mutter mit Kinderwagen hatten sich ebenfalls am Schrank bedient.

Ich lief hinunter und schaute die Buchreihen durch. Heute war es kaum nachvollziehbar, was Anna hineingestellt hatte. Da stand Eugène Dabits Roman „Hotel du Nord“, ein altes Buch, das bereits 1929 in Frankreich erschienen war, „Der Schwarm“, „Darm mit Charme“, und Gillian Flynns „Gone Girl“. Dann ein Buch über starke Frauen und ein Katalog der Ausstellung „Geschlechterkampf“ im Frankfurter Städel Museum. Ich entschied mich für „Hotel du Nord“, ich hatte Lust, es zu lesen, und nahm den Katalog zur Ausstellung im Städel mit. Ich würde warten, und wenn ich Anna wiedersah, wenn ich sie rechtzeitig sah, würde ich ein oder zwei meiner eigenen Werke in den Bücherschrank stellen. Ich könnte sie ein wenig hervorschauen lassen, so dass sie unbewusst als Erstes nach ihnen greifen würde. Vielleicht würde ich eine kleine Notiz hineinlegen, die sie dann finden könnte.

Wieder in meiner Wohnung schaute ich mir den Katalog genauer an. Anna musste Kunst studieren. Es passte gut zu ihr. Bilder von Max Liebermann, Edvard

Munch und Franz von Stuck spiegelten den Geschlechterkampf ebenso unterschiedlich wider wie Skulpturen von Rodin und Fotografien von Frank Eugene oder Claude Cahun. Sie faszinierte mich immer mehr.

Wie aufregend könnte ein Wochenende mit ihr sein. Samstag morgens könnten wir über den Wochenmarkt am Uhrtürmchen schlendern, ein gemütliches spätes Frühstück im Café Kante einnehmen, später vielleicht einen Ausflug in den Rheingau anschließen, durch die Weinberge wandern und den Abend mit den herrlichen Weinen auf Schloss Vollrads oder Schloss Johannisberg ausklingen lassen. Oder wir könnten per Rad den Hölderlinpfad durch den Frankfurter Grüngürtel nehmen und Rast in einigen der urigen Kneipen machen. Schon Hölderlin eilte vor 200 Jahren nach Frankfurt von Sehnsucht getrieben, um seine verheiratete Geliebte Susette Gontard heimlich zu treffen. Der Weg führte durch die weite Vortaunuslandschaft von Frankfurt nach Bad Homburg, oder den leichteren Weg wieder bergab von Bad Homburg nach Frankfurt. Herrliche Blicke auf die Frankfurter Skyline belohnten den Radler auf seinem Weg.

Den Sonntag würden wir uns für die Kunst aufheben. Das Museumsufer bot genug. Wir würden den Tag wie Rodin beginnen. Meine Gedanken schweiften ab.

Später könnten wir uns einige Ausstellungen anschauen und das Mainufer genießen. Vielleicht ins Holbein's gehen, dem Klavierspieler zuhören, etwas von den kleinen Leckereien aussuchen, einen Kaffee trinken und…

Ich versank immer mehr in meinen Tagträumen. Dann begann ich tagsüber die Cafés abzuklappern und nachts durch die Kneipen zu ziehen. Es genügte mir nicht mehr, sie am Bücherschrank zu beobachten und meinen Fantasien nachzuhängen.

Obwohl ich schon eine ganze Weile im Frankfurter Stadtteil Bornheim wohnte, wurde mir jetzt erst bewusst, wie viele Kneipen es hier gab. Bisher war ich einfach in die nächstbeste gegangen. Meistens landete ich zum Essen im Mirador, es war praktisch bei mir um die Ecke. Das Essen war gut und abwechslungsreich. Im Weinladen auf der anderen Straßenseite Richtung Höhenstraße, trank ich gerne mal einen Wein. Sie hatten dort einen anständigen Pinot Grigio aus dem Friaul. Aber auch der Cabernet Syrah aus Frankreich musste sich nicht verstecken. Im Sommer stellte der Besitzer Holztische und Bänke auf die Straße, die gegen Abend schnell besetzt waren. Manchmal verbrachte ich mit einem meiner wenigen verbliebenen Freunde die Sommerabende dort. Für wirklich gute Weine versorgte ich mich in der Weinhalle. Der Laden müsste Anna gefallen! Die Besitzer waren äußerst kompetent und ausgezeichnete Berater. Wir fachsimpelten oft und lange über Gott und die Welt, während ich neu eingetroffene Ware probierte, mich an das alte Fass lehnte und meinen Blick über das breit gefächerte Sortiment und den alten Holztisch schweifen ließ. Der Tisch hatte es mir besonders angetan. Das dunkle Holz passte fantastisch in diesen Laden. Die beiden Lampen darüber gaben im Herbst und Winter in den Abendstunden ein mildes Licht. Ich hätte Stunden hier zubringen können. Wäre das auch Annas Welt? Mochte sie überhaupt Weine? Würde sie sie mit mir genießen, einen Brunello zu schätzen wissen oder einen außergewöhnlichen Bordeaux, einen schönen weichen Pomerol, einen Côte du Rhone, oder im Sommer einen frischen Chablis oder Sauvignon, oder aber den Süßwein Beaume de Venise, der einen alle Sorgen vergessen ließ? Konnte sie in ihrem Alter schon ermessen, welchen Genuss mir ein wirklich guter Wein bereitete? Wenn ich die Flasche öffnete, erst am Korken roch, dann an der Flasche, die Flüssigkeit langsam in mein Glas rinnen, sie dann rotieren ließ, wieder roch, bis ich mir endlich den ersten kostbaren Schluck genehmigte, der, wenn der Wein hielt, was er versprach, dem Genuss, mit einer schönen Frau zusammen zu sein, sehr nahekam.

Zu dem Süßwein Beaume de Venise war ich gekommen, als ich vor einer Reise in die Provence bei den Reiseunterlagen eine amüsante Geschichte zu dem Wein gefunden hatte. Ein verlassener Liebhaber klingelt bei der Nachbarin seiner Verflossenen und klagt ihr sein Leid. Diese bittet ihn herein, bekocht ihn mit allen Raffinessen und kredenzt ihm Beaume de Venise. Er bleibt drei Tage bei ihr. Es werden die drei besten Tage und Nächte seines Lebens. Der Wein wird sein Lebenselexier.

Weder im Mirador noch im Weinladen oder der Weinhalle hatte ich Anna je gesehen. Wenn sie hier wohnte, wovon ich fest überzeugt war, müsste sie in einer der zahlreichen Kneipen zu finden sein.

Ich machte mich nachmittags auf den Weg, ließ mich treiben, lief die Bergerstraße hinauf und hinunter und versuchte, einen Blick ins Innere der Kneipen zu werfen. Nur bei einigen gelang es mir. Andere verwehrten jegliche Sicht durch zu kleine Fenster oder zu viel Werbung auf den Scheiben. Zu lange konnte ich auch nicht stehenbleiben und ins Innere der Lokale starren, ohne Aufmerksamkeit zu erregen. So besuchte ich im Laufe der Woche jedes Restaurant, jede Pizzeria, jedes Szenelokal. Ein Steakhouse war dabei, ein Burgerladen, eine Milch- und Käsebar, persisches Essen, mexikanisches Essen bis hin zur Bestworscht in Town, dessen Besitzer mit einem Wurststand im Westend begonnen hatte und mittlerweile über ein Franchiseunternehmen verfügte, wozu auch ein ansehnlicher Laden auf der Bergerstraße gehörte.

Einmal schlug mein Herz schneller, als ich glaubte, sie an einem Tisch eines der Restaurants – ich wusste schon nicht mehr welches – erkannt zu haben. Die Frau hatte die gleiche Größe und Haarfarbe wie Anna. Ihr Gesicht war nicht annähernd so schön, als sie sich umdrehte.

Ich fühlte mich lebendig, fast ein bisschen fiebrig. Eine Mischung aus Jagdfieber und wiederkehrender Jugend hatte mich erfasst. Lisa hatte mein Interesse und meine Lust an den schönen Künsten nie geteilt. Wie musste sich ein Leben mit einer leidenschaftlichen jungen Geliebten anfühlen, die all das mit mir teilte, was im Laufe der Jahre verkümmert war?

Nach einer Woche hatte ich alle umliegenden Kneipen abgeklappert, Anna war mir nicht begegnet. Ich musste systematischer vorgehen. Außerdem hatte ich den Bücherschrank aus den Augen verloren. Irgendwann sollte ich auch mal arbeiten. Mein Verlag drängte.

Im unteren Teil meines zweigeteilten Fensters hatte ich eine Kordel gespannt. Es gefiel mir, Gedankenfetzen, Wörter oder besondere Begriffe auf einen Zettel zu schreiben, um ihn dann mit einer Wäscheklammer an der Kordel aufzuhängen. Ich machte das schon lange so. Es war ein Spleen. Zwischen Begriffen für meinen neuen Roman hingen jetzt Zettel mit Anna beschriftet. Anna und Wein, Fragezeichen. Oder Anna Musik. Ich hängte einen neuen dazu: Anna und Vorlieben, als ich sie unten die Straße überqueren sah. Sie musste im Basic gewesen sein. Es war Freitag. Vermutlich hatte sie etwas fürs Wochenende eingekauft.

Diesmal zögerte ich nicht, warf mir eine Jacke über und rannte die Treppe hinunter auf die Straße. Es dauerte eine Weile, bis ich sie zwischen den Menschen erkannte. Sie war bereits ein ganzes Stück weitergegangen, und ich musste mich beeilen, wenn ich sie noch einholen wollte. Ich lief hinter ihr her, ohne recht zu wissen, was ich machen würde, wenn ich sie eingeholt hätte. Idiotisch. Wie ein liebeskranker Jüngling verfolgte ich sie. Sie hatte einen schönen Gang. Ich konnte sie nicht einfach ansprechen. Was würde das für einen Eindruck machen. Während ich abwechselnd rannte und wieder ein Stück zurückblieb, arbeiteten meine Gedanken. Dann steuerte sie das Mika an und verschwand darin. Ich wartete eine Weile, ging dann näher und las auf der Tafel draußen: Cuba Libre, Tanquery, Vodka Lemon, Ouzo. Ich konnte sie durch die Tür sehen. Sie traf sich offenbar mit einer Freundin. Die beiden umarmten sich und ließen sich an einem der Tische nieder.

Das Mika also. Da war ich bisher nicht gewesen. Immerhin ein Anfang. Ich hatte mich nicht getäuscht. Sie musste hier irgendwo wohnen. Und ich hatte eine erste Anlaufstelle, wo ich sie finden konnte.

Mein Adrenalinspiegel blieb hoch. Ich versuchte, an meinem Roman zu arbeiten, was mir kaum gelang. Die wenigen Zeilen, die ich schrieb, löschte ich fast regelmäßig wieder. Dann, an einem der vermutlich letzten milden Herbsttage, als die Sonne noch einmal alles gab, sah ich sie im Café Merian sitzen. Ich hatte sie nicht kommen sehen. In aller Eile kramte ich zwei meiner letzten Romane und Visitenkarten hervor. Ich würde die Karten in die Bücher legen. Sollte ich etwas darauf schreiben? Aber was? Es musste kreativ und witzig sein, durfte nicht banal klingen.

„Während ich sie sah, küsste mich die Muse" schrieb ich auf eine der Visitenkarten. Mehr fiel mir nicht ein. Dann schnappte ich mir alles, lief hinunter, sah, dass Anna unverändert in der Sonne saß, und stellte meine Bücher in den Bücherschrank. Ich ließ sie etwas aus der Reihe heraustreten. Wenn Anna an den Bücherschrank ging, würden sie ihr auffallen. Dann lief ich wieder zurück in meine Wohnung und bezog Platz am Fenster.

Am Bücherschrank war Betrieb. Ein Bettler lief ständig ein paar Schritte um den Schrank herum und bettelte die Passanten um Geld an. Einige zückten ihr Portemonnaie. Ich konnte nicht genau sehen, welche Bücher mitgenommen wurden und wurde langsam unruhig.

Anna stand endlich auf, nahm ihren Rucksack und – ich hielt den Atem an – ging Richtung Bücherschrank. „Ja!“, stieß ich aus. Jetzt würde es klappen. Sie holte Bücher aus ihrem Rucksack, sortierte sie ein – ich versuchte, mir die Stellen zu merken – und ließ ihren Blick dann suchend über die Bücherreihen gleiten. Der Bettler kam wieder näher und sprach Anna an. Ich fluchte laut vor mich hin. Der sollte verschwinden! Eine dicke Frau mit blonden Haaren stand nun ebenfalls vorm Bücherschrank, und eine Mutter mit Kind kniete sich hin, um die Kinderbücher in der unteren Reihe zu inspizieren.

Es war mir unmöglich auszumachen, was Anna letztendlich mitnahm. Sie schloss ihren Rucksack und ging. Ich fluchte immer noch vor mich hin, wartete, bis es unten wieder ruhiger geworden war und lief hinunter, um nachzusehen. Der Bettler kam auf mich zu und wollte seinen Spruch loslassen. Ich wies ihn barsch zurück. Er hatte alles vermasselt. Dann schaute ich in den Bücherschrank. Eines meiner Bücher war weg. Das konnte nur Anna genommen haben! Ich schaute in das andere. Sie hatte das mit dem Spruch auf der Visitenkarte erwischt. Ich jubelte innerlich. Die dicke Frau hatte mein Buch bestimmt nicht mitgenommen und die junge Mutter schon gar nicht. Ich war wieder einen Schritt weitergekommen. Ich konnte mir Zeit lassen. Das Gefühl, Anna bald kennenzulernen und das mit ihr in die Tat umzusetzen, was mir ständig durch den Kopf ging, beflügelte mich. Wir mussten nichts überstürzen.

Ich suchte die Buchreihen ab, was sie wohl in den Schrank gestellt haben könnte. Maria Sibylla Merian stand auf einem Bildband. Das passte. Es passte zu Anna und es passte zu dem Platz, an dem ich sie das erste Mal gesehen hatte. Ich nahm es mit in meine Wohnung, goss mir ein Glas Rotwein ein und versenkte mich in das Buch.

Ich wusste, woher der Name Merian stammte. Der Merianplatz war nach der Künstlerfamilie Merian benannt worden, einer Verlegerfamilie. Noch eine Verbindung zu Anna. Es konnte kein Zufall sein, dass mir gerade solche Bücher in die Hände fielen, nachdem sie vorher am Bücherschrank gewesen war. Es gab eine Maria Sibylla Merian, eine Naturforscherin und Künstlerin. Eine Frau, die sich schon früh hatte durchsetzen müssen. Die Beobachtung und Darstellung der Natur hatte zu ihrer Zeit keine Bedeutung. Maria Sibylla aber faszinierte die Natur in all ihren Facetten und sie begann, Insekten, Würmer, Blumen und seltene Pflanzen zu beobachten, zu zeichnen und Kupferstiche anzufertigen, was sie von ihrem Stiefvater gelernt hatte. Sie beobachtete Raupen, ihre Verpuppung und die wunderbaren Schmetterlinge, die sich daraus entwickelten. Ihre Leidenschaft führte sie bis nach Surinam, wo sie in den schwer zugänglichen Urwäldern alles sammelte und später zeichnete, was sie an tropischen Insekten finden konnte. Eine interessante, starke, leidenschaftliche Frau. So stellte ich mir Anna vor.

Anna und unsere Liebe wurden immer realer in meinem Kopf. Meine letzte große Liebe, große Leidenschaft sollte sie sein. Ich wollte das Leben noch einmal packen, es festhalten, genießen, über die Stränge schlagen. Ich hatte viel zu lange gewartet, Zeit vergeudet. Das musste sich unbedingt ändern. Ich musste handeln. Das nächste Mal, wenn ich sie sah, würde ich sie nicht wieder gehen lassen.

Ich nahm meine Kneipenrundgänge wieder auf und suchte sie halbe Nächte lang.

Nichts. Nirgendwo traf ich sie. Mein Alkoholspiegel stieg an, die Tage verschlief ich halb, nahm Tabletten, verbrachte die Nachmittage unruhig zwischen Wohnung und Fenster, bis der Abend endlich anbrach und ich wieder losziehen konnte.

Mir war klar, dass ich das nicht ewig durchhalten würde. Aber wie ein Getriebener machte ich mich Abend für Abend erneut auf die Suche.

Endlich tauchte sie wieder auf. Ich war spätabends auf der Bergerstraße Richtung Innenstadt unterwegs, nachdem ich in verschiedenen Kneipen getrunken hatte, als ich sie sah. Sie war nicht allein. Es war mir egal. Ich beschleunigte meine Schritte. Heute würde ich sie ansprechen. Mein Kopf war umnebelt, ein Dauerzustand in letzter Zeit.

Sie verschwand gerade mit einigen Leuten im Mirador. Ich war fast da. Mein Herz schlug schnell. Ich konnte nicht unterscheiden, ob es die Aufregung oder der Alkohol war. Als ich die Kneipentür in der Hand hatte, atmete ich ein paarmal aus und ein, bevor ich sie aufstieß. Dann stand ich im Gastraum und versuchte mich zu orientieren.

Sie lehnte an der Bar und schaute direkt in meine Richtung. Jetzt!

Ich ging langsam auf sie zu und lächelte. Sie lächelte auch.

„Hey, Uli, komm doch an die Bar, es ist noch nichts frei.", rief sie in diesem Moment jemandem zu.

Sie hatte eine piepsige Mädchenstimme und einen Dialekt, den ich auf die Schnelle nicht zuordnen konnte. Beides tat meinen Ohren weh. Ihre Schönheit verblasste augenblicklich. Sie wirkte gewöhnlich. Ein schmalbrüstiger Jüngling schob sich an mir vorbei, nahm sie in den Arm und drückte sie an sich. Sie kicherte albern.

Ich stand völlig benommen da. Sie hatte mich überhaupt nicht wahrgenommen! Sie hatte durch mich hindurchgeschaut! Ich existierte nicht für sie!

Wie eine Seifenblase zerplatzte alles in meinem Kopf. Selten hatte ich mich so grauenhaft gefühlt, so alt, so absolut lächerlich. Ich hatte mich zum Idioten meiner eigenen Fantasie gemacht, ich armer Irrer.

„Den Sauvignon wie üblich?", hörte ich jemanden fragen. Ich drehte mich zur Bar um. Eine ältere Frau stand hinter dem Tresen.

„Dasselbe wie immer?“, fragte sie noch mal und beobachtete mich aus den Augenwinkeln.

Woher wusste sie, was ich trank? Sie war mir an keinem der Abende aufgefallen, die ich hier verbracht hatte. Ich hatte sie noch nie gesehen.

„Alles halb so schlimm“, murmelte sie und sah mich wieder an. Dann stellte sie mir die ganze Flasche auf den Tresen und ich begann, mich systematisch zu betrinken.

(6)

Flucht im Ebbelwei Expreß

von

Monika Hoßfeld

6

Ihr schwarzer Rucksack war nicht schwer, denn es sollte darin noch Platz sein für besonderes Gepäck. Nur ein paar persönliche Sachen trug sie bei sich. In der kleinen Geldbörse, die sie in ihre Hosentasche gesteckt hatte, befanden sich außer ihrem Pass nur wenige Münzen, einige Geldscheine und ein Flugticket, ‚Oneway' nach Toronto in Kanada. Kanada war schon immer das Land ihrer Träume. Sie hatte gelesen, dass es in Kanada für arbeitswillige Ausländer Jobs aller Art gab. Das Sparkonto bei der Postbank musste sie schweren Herzens schon vor drei Wochen auflösen. Irgendwelche Geldeingänge waren nicht mehr zu erwarten. Das Restgeld würde nur noch einige Wochen zum Überleben reichen. Ihren Job hatte sie schon vor fünf Monaten verloren. Kündigung aus betriebsbedingter Notwendigkeit, nannte das ihr Arbeitgeber. Eine neue Arbeitsstelle schien trotz aller Bemühungen nicht in Aussicht.

„Ich bin pleite, pleite, pleite", dröhnte es in ihrem Kopf.

Ratlosigkeit und Angst machten sich breit. Sie war letzte Woche sechsunddreißig Jahre alt geworden. Zu alt, um die Gedanken an ihre Zukunft zu verdrängen, zu jung, um tatenlos abzuwarten, bis sie hier in Frankfurt von Hartz IV leben musste. Wie sollte es weitergehen?

Ihre Ein-Zimmer-Wohnung in der Frankfurter Innenstadt hatte sie zum Monatsende gekündigt. Die wenigen Möbel und die meisten Haushaltsgegenstände konnte sie verkaufen oder an wohltätige Organisationen spenden. Ihr restliches Hab und Gut passte in einen großen Koffer, den sie am Flughafen bei der Gepäckaufbewahrung deponiert hatte. Reichten dreiundzwanzig Kilo für ein neues Leben?

Das Thermometer zeigte in Frankfurt schon am frühen Samstagvormittag 30 Grad. Eine schwüle Hitze lag über der Innenstadt. Der Wetterbericht hatte für den Nachmittag ein Gewitter gemeldet. Als sie an diesem Samstag im Juli im Trubel der Touristenmenge über die Berliner Straße, an der Paulskirche vorbei, in Richtung Braubachstraße schlenderte, erschrak sie beim Gedanken daran, wie wenig sie von ihrem alten Leben mitnehmen konnte. Wie immer plätscherte auch heute das Wasser aus dem Gerechtigkeitsbrunnen leise blubbernd in den steinernen Brunnentrog. Die japanische Besuchergruppe hatte kleine Schirme aufgespannt und trottete laut schnatternd einer englisch sprechenden Touristenführerin hinterher. Die Frankfurter Sehenswürdigkeiten wurden erklärt. Dom – Römer – Paulskirche, die Worte klangen in ihren Ohren bekannt und englisch ausgesprochen doch seltsam fremd. Manche Urlauber hatten ihre Sonnenhüte tief ins Gesicht gezogen, weil sie sich vor der Sonne schützen wollten. Ihr war noch nie aufgefallen, dass an den Samstagen hier so viele Menschen unterwegs waren. Es waren Sommerferien und deshalb besuchten viele Familien mit Kindern die Frankfurter Innenstadt.

In Frankfurt hatte sie keine Zukunft mehr, aber jetzt war es zu spät für sentimentale Gedanken. Sie hatte sich alles genau überlegt und den heutigen Tag schon lange geplant. Niemand war in ihre Pläne eingeweiht. Niemand würde sie vermissen. Ihre alte, unter Demenz leidende Mutter lebte in einem Pflegeheim. Sie hatte sich gestern unter Tränen von ihr verabschiedet. Ihr Vater war schon vor vielen Jahren gestorben. Über sein Grab auf dem Hauptfriedhof wucherte wildes Grün. Geschwister gab es keine. Sie fühlte, wie der Kloß in ihrem Hals immer dicker wurde. Sie hatte nur wenige Freunde und die waren alle mit ihren eigenen Problemen beschäftigt. Sie sah keinen Ausweg aus ihrer Lage und wollte niemanden um Hilfe bitten.

Für ihre Zukunft und für ein neues Leben in einem fernen Land fehlten ihr nur noch die Finanzen. Sie benötigte viel Geld für den geplanten Neuanfang. Aber wie viele Euro, oder wie viele Dollar waren viel Geld? Zahlen waren nicht ihr Ding. Schon seit Wochen reifte dieser Plan in ihr. Sie musste sich das Geld besorgen. Es war ihr letzter Ausweg. Es musste klappen! In ihrem Kopf dröhnte es, ihr Herz klopfte. „Nein, ich bin nicht kriminell“, beruhigte sie ihre innere Stimme. „Ich bin doch nur in einer aussichtslosen Notlage.“

Die Gedanken kamen und gingen. Ja, früher, früher hatte sie sich jedes Jahr einen schönen Urlaub leisten können – und jetzt? Heute war alles ganz anders. Noch einmal streifte ihr Blick die Fassade des Römers. Rechts befand sich die Touristen-Information. Vor dem Römer standen festlich gekleidete Menschen beieinander und unterhielten sich. Eine Menschenmenge hatte sich um ein Brautpaar geschart. Fotoapparate klickten. Nur nicht auffallen, jetzt nicht stehen bleiben! Nein, sie brauchte kein Erinnerungsfoto an diesen Tag. Die Sonnenbrille mit den großen dunkel getönten Gläsern gab ihr Schutz. Niemand sollte sie später wiedererkennen. Sollte sie doch noch umkehren?

Die Bedienung des kleinen Cafés auf dem Römerberg rückte die Tische näher unter die aufgespannten Sonnenschirme. Dann ging die Frau ins Café zurück. An einem Tag wie heute würden die Schattenplätze sehr begehrt sein. Ein Ehepaar mittleren Alters hatte es sich unter einem Schirm gemütlich gemacht und schaute auf das Treiben auf dem Römerberg. Ein Liebespaar hielt Händchen, lächelte sich an und hielt diesen Moment für die Ewigkeit auf einem Foto fest. „Schnell, bitte noch mal ein Selfie", kicherte die junge Frau. Eine Oma tröstete ihr Enkelkind, das zu weinen anfing. Jetzt war die Gelegenheit günstig. Jetzt oder nie! Niemand konnte ahnen, was sie vorhatte. Ein Café mit einer Wechselstube, das gibt es bestimmt nur hier in Frankfurt, ging es ihr durch den Kopf. An unterschiedlichen Wochentagen hatte sie das kleine Café von außen beobachtet und sich beim Kaffeetrinken jedes Detail der Einrichtung gut eingeprägt. Meistens war der Pächter oder seine Lebensgefährtin alleine im Café. Wenn jemand Geld wechseln wollte, verschwand die Bedienung in der winzigen, vom Café abgetrennten Kabine, beschäftigte sich mit den Wünschen der Kunden, während sie einen Taschenrechner zum Umrechnen der Währungen benutzte. Als sie das vor einigen Jahren das erste Mal beobachtet hatte, war sie darüber erstaunt, wie schnell und unbürokratisch man hier Bargeld in eine andere Währung tauschen konnte. Die abgeteilte Kabine sah aus wie ein kleiner Bankschalter mit einem Tresen. Auf dem stand immer ein Plakat mit dem aufgedruckten Wechselkurs aller vorrätigen Währungen. Die Kunden, die Geld umtauschten, legten das Bargeld in die Schublade unter der gläsernen Trennwand. Das abgezählte Bargeld in der fremden Währung wurde dann durch dieselbe Schublade zurück zum Kunden geschoben.

Sie schaute sich vorsichtig nach rechts und links um und konnte nichts Außergewöhnliches wahrnehmen. Im Inneren des Cafés blieben an diesem Vormittag alle Stühle leer. Das war gut so. Es würde keine Augenzeugen geben. Sie zögerte nur kurz, streifte sich die mitgebrachten weißen Baumwollhandschuhe über und entschloss sich, ihren Plan endlich in die Tat umzusetzen.

Die Bedienung, die sie noch nie im Café gesehen hatte, schaute sie ahnungslos und fragend an. „Was kann ich für Sie tun?" Anstatt zu antworten nahm sie allen Mut zusammen und schob den vorbereiteten Zettel in das für das Geld gedachte Schubfach. Der in Großbuchstaben auf dem PC geschriebene Text lautete:

US-DOLLARS – KANADISCHE-DOLLARS KEINE POLIZEI

Zur Bekräftigung ihrer Forderung legte sie die mitgebrachte Schreckschusspistole daneben. Ihr Herz klopfte, auf ihrer Stirn hatten sich Schweißperlen gebildet. Der geöffnete Rucksack stand auf dem Boden. Die mitgebrachte weiße Plastiktüte, auf der kein Logo aufgedruckt war, legte sie ebenfalls wortlos ins Schubfach.

Schneller als erwartet war alles vorbei. Sie stürmte mit großen Schritten aus dem Café. Es war ganz einfach gewesen. Hastig hatte die verängstigte Bedienung die vorhandenen Geldbündel in den mitgebrachten Plastikbeutel gestopft. Im Inneren ihres Rucksacks war er gut versteckt. Die weit aufgerissenen Augen der überfallenen Frau waren auf sie gerichtet gewesen. Sie hatte nichts gefragt, sie hatte nicht einmal geschrien. Hoffentlich hatte die dunkle Sonnenbrille zur Tarnung ausgereicht.

So schnell sie konnte rannte sie, ohne sich umzusehen in Richtung Braubachstraße. Ein blondes kleines Mädchen mit der Eistüte in der Hand stand ihr im Weg. Unsanft rempelte sie das Kind an. Mist, konnte die Göre nicht zur Seite gehen? Jetzt klebte das Schokoladeneis an ihrer Hose. Sie ließ die weißen Baumwollhandschuhe in den Mülleimer, der an einer Straßenlaterne befestigt war, fallen. Wo war die Schreckschusspistole geblieben? Egal, Hauptsache, sie trug das Teil nicht mehr bei sich. Sie lief weiter, ohne die Menschen um sich herum wahrzunehmen. Als das gläserne Wartehäuschen der Haltestelle

Römer/Paulskirche nach wenigen Metern in Sicht kam, fuhr gerade eine türkisfarbige Straßenbahn der Linie 14 von der Haltestelle in Richtung Bahnhof ab. Schon näherte sich eine alte rote Straßenbahn. Sie sah richtig peppig aus! Endlich! Das war er. Alles passte, wie geplant. Der ‚Ebbelwei-Expreß' bremste quietschend, drei Waggons standen auf den Schienen und die wartenden Menschen drängten ins Innere. An der Haltestelle Zoo hatte die Rundfahrt gerade erst begonnen. Trotzdem waren die Sitzplätze der Waggons schon fast alle besetzt. „Einsteigen", hörte sie eine laute Männerstimme rufen. Sie schwitzte. Bald war sie in Sicherheit. Niemand würde ihr ansehen, was gerade passiert war. Wie ein Fluchtfahrzeug sah die alte Trambahn nicht aus. Sie hielt ihren Rucksack fest umklammert und hatte Glück, dass sie sich im letzten der drei Waggons auf eine der freien Holzbänke fallen lassen konnte. Sie atmete laut und hörbar aus. Jetzt nur cool bleiben und die Ruhe bewahren. Niemand der Mitfahrenden konnte ahnen, was sie in ihrem Rucksack transportierte. Ihr Plan schien aufzugehen. Trotzdem hatte sie Gewissensbisse. Was hatte sie getan? Jetzt war es zu spät für Reue, jetzt war sie auf der Flucht.

Sie hatte im Internet recherchiert, weil sie wissen wollte, was das Stadtmarketing anbot. So hatte sie erfahren, was für eine tolle und sehenswerte Stadt Frankfurt war. Die Stadtrundfahrten mit dem Sightseeing-Bus wurden im Internet beworben. Und so war sie auch auf den ‚Ebbelwei-Expreß' mit seinen besonderen Rundfahrten aufmerksam geworden. Sie hatte sich für ihre Flucht absichtlich diese Straßenbahn ausgesucht, weil sie dort niemand vermuten würde. Die historische alte Straßenbahn zuckelte an den Wochenenden im Stundentakt gemütlich durch die Innenstadt. Der Fahrpreis für eine einstündige Rundfahrt belief sich auf acht Euro. Die roten Waggons rumpelten im langsamen Tempo auf den Schienen, während in jedem Waggon ein Schaffner die Fahrgäste mit Apfelsaft, Apfelwein oder Wasser bewirtete. Dazu wurden Tüten mit Salzbrezeln gereicht. Alles war im Fahrpreis eingeschlossen. Trinken, essen, aus dem Fenster schauen und dabei von Frankfurter Mundartliedern beschallt werden. Das traf wahrscheinlich in gleichem Maße den Geschmack der Frankfurter Bürger wie den der Touristen, die von auswärts kamen. Im letzten Sommer war sie einmal mit ihrem Freund mit der Trambahn gefahren und fand die Fahrt recht lustig und unterhaltsam. Ihr damaliger Freund war heute schon Geschichte. Er hatte sich per SMS aus ihrem Leben verabschiedet Sie hatte doch immer nur Pech mit den Männern. Jetzt erinnerte sie sich, dass eine Kollegin eine Sonderfahrt mit dem ‚Ebbel-Ex', wie die Frankfurter diese Trambahn liebevoll nannten, für den Junggesellenabschied gebucht hatte. Eine originelle Art zum Feiern. Nur keine sentimentalen Gedanken aufkommen lassen. Sie hatte sich die Abfahrtszeiten der Sonderfahrten an der Haltestelle Römer/Paulskirche eingeprägt und wusste, wann sie spätestens am Frankfurter Flughafen einchecken musste, um rechtzeitig ihren Flieger zu erreichen.

Los, fahr schon ab, dachte sie und war froh, dass der

korpulente Schaffner endlich an einer herunterhängenden Lederschlaufe zog, um dem Straßenbahnfahrer im 1. Wagen zu signalisieren, dass er die Bahn wieder starten konnte. Es klang blechern, als das Klingelsignal ertönte. Sie fühlte sich in die Kindheit zurückversetzt, als sie öfters mit ihren Eltern in der altmodischen Straßenbahn gefahren war.

„Was wollen Sie trinken?“, hörte sie den jungen Mann fragen, der als Dienstuniform ein türkisfarbenes Poloshirt mit der Aufschrift FVG trug.

„Äppler, Wasser oder Apfelsaft?. Wir haben auch ‚Gespritzten‘, aber erst, wenn Sie die acht Euro für die Rundfahrt bezahlen“, scherzte er.

Der Schaffner hatte ein altmodisches Täschchen umgehängt, damit er die Münzen stilecht, wie früher üblich, aus den metallenen Röhrchen holen konnte. Sie hatte schon acht Euro in Münzen für die Fahrt in ihrer Hosentasche bereitgehalten, denn hier in der Bahn wollte sie ihren Rucksack auf keinen Fall öffnen. Als sie bezahlte und auf die kleine Flasche mit dem Frankfurter Nationalgetränk zeigte, reichte ihr der Schaffner das gekühlte Getränk und eine Plastiktüte mit Salzbrezeln. Den grünbunten Fahrschein würde sie als Erinnerung mitnehmen. Sie steckte ihn hastig in die Hosentasche. Der ‚Ebbelwei-Expreß‘ hatte sich langsam in Bewegung gesetzt. Um ihre Nervosität zu bekämpfen und die Zeit zu überbrücken, las sie die Informationen im ausgelegten Werbeflyer des Frankfurter Verkehrsverbunds. Auf Deutsch und auf Englisch. hieß es:

„Im Linienverkehr sind keine Reservierungen und Fahrtunterbrechungen möglich. Es ist kein Reiseführer an Bord."

Es waren offensichtlich nur Rundfahrten erlaubt. Warum durfte man die Fahrt nicht unterbrechen und zu einem späteren Zeitpunkt wieder fortsetzen? Zwei Sitzreihen vor ihr saß eine Gruppe junger Männer. Der Wortführer mit den grün gefärbten Haaren orderte forsch:

„Nochmal en Äppler, mir habbe Dorscht".

„De Fraa Rauscher aus de Klappergass die hat e Beul am Ei", plärrte es aus dem Lautsprecher.

Die jungen Leute versuchten den in Frankfurter Mundart geschriebenen Text laut mitzusingen, was ihnen aber nicht gelang. Sie trugen alle weiße T-Shirts mit dem Aufdruck ‚Burschenschaft Bonbaden 1888'. Vermutlich machten sie einen Ausflug und fühlten sich erwachsen und unbeobachtet. Landeier, dachte sie verächtlich und musterte die ihr gegenübersitzenden Frauen. Sie unterhielten sich auf Englisch und kicherten dabei wie Teenager. Offenbar japanische und amerikanische Touristen auf Sightseeingtour. Die haben ihren Spaß, dachte sie. Die Frankfurter Sehenswürdigkeiten zogen langsam an den Fenstern vorbei, aber sie hatte keine Augen dafür. Sie wurde immer nervöser.

„Nächste Haltestelle Willy-Brandt-Platz!", rief der Schaffner lautstark.

Durch die Fenster, die teilweise mit Klebefolie dekoriert waren, konnte sie die Menschen draußen auf der Straße vorbeilaufen sehen. Sie sahen bunt und unwirklich aus. Wieder hielt die Straßenbahn an. Nur ein älteres Ehepaar durfte einsteigen. Alle anderen Leute, die ins Wageninnere drängten, wies der Schaffner mit einer Handbewegung zurück und rief

„Besetzt, besetzt! Tut mir leid, ich hab meine Anweisungen, voll is voll, wenn der Fahrer bremst, dann falle die Leut um, des könne mir net riskiere, der nächste Ebbelwei-Ex kommt schon wieder inner Stund hier vorbei."

Der Schaffner schob die vordere Eingangstür geräuschvoll zu und gab erneut mit einem Zug an der Lederschlaufe das Zeichen zur Abfahrt. Jetzt streifte sie während der Fahrt keinerlei Luftzug mehr, denn die hintere Tür des Waggons blieb auch geschlossen. Es war heiß, sie hatte Durst und ihre Zunge klebte am Gaumen. Ein hastiger Schluck aus der Apfelweinflasche tat ihr gut. Sie schaute immer wieder auf ihre Armbanduhr. Um das Tütchen mit den Salzbrezeln aufzureißen, brauchte sie beide Hände. Sie musste den Rucksack mit dem wertvollen Inhalt neben ihrem Sitz auf dem Boden abstellen. Kein Problem, sie würde ihr wertvolles Gepäck beim Aussteigen bestimmt nicht vergessen.

An der Haltestelle Hauptbahnhof/Münchener Straße musste sie aussteigen und zu Fuß ein paar Schritte zum Frankfurter Hauptbahnhof laufen. Vom Hauptbahnhof bis zum Flughafen konnte man mit der S 8 schnell und direkt bis unter das Flughafenterminal fahren. Die Fahrt würde nur zehn Minuten dauern. Dann zur Gepäckaufbewahrung, den Koffer abholen und beim Air Canada-

Schalter einchecken. So war ihr Plan. Plötzlich hörte sie die lauten Sirenen eines Polizeiautos. Ihr stockte der Atem. Galt das ‚Tatü-tata' ihr? Hatte jemand die Polizei gerufen? War man ihr auf der Spur? Suchte man sie? Sie starrte angestrengt durch die Scheiben der Straßenbahn nach draußen und zwang sich ruhig zu bleiben. ‚Tatü-Tata'. Der schrille Ton der Polizeisirene wurde leiser. Das Polizeiauto war nicht zu sehen. Bestimmt nur ein Routineeinsatz. Sie atmete tief ein und aus. Eigentlich wollte sie hier aussteigen, überlegte es sich aber plötzlich anders. Bloß jetzt kein Zusammentreffen mit der Polizei. Sitzen bleiben, abwarten. Die Bahn würde eine Schleife drehen und in wenigen Minuten die gleiche Station noch einmal anfahren, aber auf dem Gleis gegenüber anhalten. Sie starrte angespannt auf die Straße und setzte die Fahrt in Richtung Festhalle/Messe fort. Während die Trambahn gemütlich weiterzuckelte, wurde sie immer unruhiger. Der Mann, der ihr schräg gegenüber saß, war in sich zusammengesunken. Den Kopf hatte er in beide Hände gestützt, sein Mund stand ein wenig offen. Wie konnte man in diesem Trubel und bei dem Gedudel der Musikberieselung einschlafen? Seine Begleiterin schien die fragenden Blicke der anderen Fahrgäste zu bemerken und sagte laut:

„Pech gehabt, jetzt bekommt er gar nichts mehr mit. Das war dann Frankfurt am Main."

Sie zuckte mit den Schultern.

„Wissen Sie, mein Studienfreund ist nur auf der Durchreise und hat hier bloß fünf Stunden Aufenthalt.

Was hätte ich ihm in dieser kurzen Zeit sonst von Frankfurt zeigen sollen?"

Sie verkniff sich einen Kommentar, schaute wieder nervös auf die Uhr und dann auf den Fußboden. Der junge Mann hatte seinen schwarzen Rucksack auch auf dem Boden neben seinem Sitzplatz deponiert. Nach der Haltestelle Festhalle/Messe musste der ‚Ebbel-Ex' umdrehen und in Richtung Hauptbahnhof zurückfahren. Nur noch einmal würde die Bahn anhalten, dann würde auch sie endlich aussteigen. Die beiden Jungen, die mit ihren Eltern im hinteren Teil des Waggons Platz genommen hatten, stießen lachend die kleinen Apfelsaftflaschen gegeneinander und schlürften das Getränk deutlich hörbar durch die Strohhalme.

„Prost, Prost", plärrte der Ältere und schon fiel ihm die Flasche aus der Hand.

Der Apfelsaft ergoss sich über den Fußboden. Die Mutter schimpfte laut mit ihren Söhnen und suchte nach einem Papiertaschentuch, um damit das Rinnsal am Boden aufzusaugen. Der schönste Teil der Stadtrundfahrt würde erst kommen, wenn die Straßenbahn in Sachsenhausen den Main überquert hatte. Was soll's, sie war heute nicht zum Vergnügen hier. Sachsenhausen würde sie wohl nie mehr wiedersehen.

Die laute Musik in Frankfurter Mundart setzte wieder ein.

„De Fraa Rauscher aus de Klappergass."

Warum fuhr die Straßenbahn heute so langsam? Nach der Haltestelle Platz der Republik fuhr sie zur Hohenstaufenstraße und von dort gemächlich nochmals zurück zum Bahnhof.

Endlich sah sie draußen wieder das Gebäude des Hauptbahnhofs auftauchen. Als die Straßenbahn quietschend bremste, stand sie hastig auf, griff nach ihrem Rucksack und stieg aus. Geschafft! Ohne nach rechts und links zu schauen, überquerte sie mehrere Gleise und atmete tief durch. Plötzlich fiel ihr auf, dass der Rucksack ziemlich schwer war. Als sie eingestiegen war, fühlte sich der Inhalt doch viel leichter an. Na ja, die Geldbündel wogen schwer. Ein Blick auf das wertvolle Gepäckstück in ihrer Hand ließ sie erstarren. Nein, es war gar nicht ihr Rucksack, den sie sich gerade auf den Rücken schnallen wollte. Sie hielt ein anderes ähnlich aussehendes Exemplar in den Händen. Verdammt, das war der Rucksack ihres Nachbarn. Sie hatte beim Aussteigen die beiden Rucksäcke vertauscht.

Was sollte sie jetzt tun? In der Ferne entschwand die Straßenbahn in Richtung Sachsenhausen. Sie lief in Panik über die Straße und achtete kaum auf den fließenden Verkehr. Bremsen quietschten, zwei Autofahrer hupten. Zum Glück befand sich genau vor dem Hauptbahnhof ein Taxistand. Sie rannte auf das nächstbeste Taxi zu, dessen Fahrer gerade die Scheibe heruntergekurbelt hatte und stammelte:

„Schnell, schnell, fahren Sie der Trambahn hinterher, ich habe dort drinnen meine kleine Handtasche vergessen."

Sie öffnete die Beifahrertür und ließ sich auf den Sitz

fallen. Der Taxifahrer gab Gas und steuerte sein Fahrzeug kopfschüttelnd in Richtung Baseler Platz. Dort angekommen, sah sie, wie der ‚Ebbelwei-Expreß' sich gerade wieder in Bewegung setzte. Mist, zu spät!

„Fahren Sie weiter, ich muss diese Bahn unbedingt an der nächsten Haltestelle erreichen", keuchte sie und umklammerte den fremden Rucksack. Auf der Friedensbrücke überholte das Taxi die alte Straßenbahn. Die nächste Haltestelle hieß Stresemannallee/Gartenstraße.

„Fahren Sie rechts ran, ich will aussteigen", befahl sie dem Fahrer in gehetztem Tonfall. „Ich komme gleich wieder. Ich muss zum Flughafen."

Schon wieder eine Planänderung, dachte sie, aber mit einer Straßenbahn zurück zum Hauptbahnhof zu fahren, das dauerte viel zu lange und kam wohl jetzt nicht mehr in Frage. Alles lief noch schneller ab, als in einem Film. Die Straßenbahn bremste geräuschvoll. Sie stieg in den letzten der drei Waggons ein. Ja, das war ihr Waggon. Sie eilte zu ihrem Sitz und atmete hörbar aus. Auf dem Fußboden, neben dem freien Sitz, auf dem sie bis vor wenigen Minuten noch gesessen hatte, stand ihr schwarzer Rucksack. Zum Glück hatte sich noch niemand auf den freien Sitz gesetzt. Der schlafende junge Mann hatte offensichtlich noch nichts bemerkt. Der Trambahnschaffner starrte sie fragend an, als sie murmelte:

„Entschuldigung, ich war heut wieder mal schusselig und habe gerade beim Aussteigen am Hauptbahnhof den falschen Rucksack mitgenommen."

Sie schnappte sich den richtigen Rucksack, ließ den

anderen auf den Boden fallen und lief wieder zur Tür. Dann stolperte sie die alten Trittstufen hinunter und rannte, ohne die Reaktion der Fahrgäste abzuwarten, zu dem wartenden Taxi. Die Sonne brannte heiß auf ihrem Gesicht, als sie schweißgebadet einstieg. Sie wischte sich mit dem Handrücken über die Stirn und hörte noch beim Weglaufen, wie das Klingelsignal die Abfahrt des ‚Ebbel-Ex' freigab.

„Fahren Sie mich bitte auf dem kürzesten Weg zum Flughafen", bat sie den Taxifahrer.

Dieser hatte es schon längst aufgegeben, sich über sonderbare Fahrgäste zu wundern und gab Gas. Ein Blick auf die Armbanduhr zeigte ihr, dass sie noch genügend Zeit bis zum Abflug ihres Flugzeugs hatte. Die Frankfurter Innenstadt zog außen am Fenster des Taxis vorbei. Sie starrte stumm aus dem Fenster. Auf der Autobahn stadtauswärts beschleunigte der Fahrer seine Fahrt.

Fünfundzwanzig Minuten später durchquerte sie das Flughafenterminal, lief zum Schalter mit der Aufschrift ‚Gepäckaufbewahrung' und holte ihren dort deponierten Koffer ab. Beim Check-in-Schalter klappte alles wie am Schnürchen. Den Rucksack mit dem wertvollen Inhalt hatte sie auf den Rücken geschnallt. Jetzt noch durch die Personenkontrolle, dachte sie erleichtert, dann habe ich es endlich geschafft. An diesem Tag gab es ausnahmsweise mal keine Schlangen vor der Personenkontrolle. War das ein gutes oder ein schlechtes Zeichen? Ihr Herz klopfte. In eine der bereitstehenden Plastikboxen legte sie ihr Handgepäck.

Das Transportband rollte langsam weiter. Die Frau, die hinter dem Röntgengerät saß, hatte nur Augen für das Geflimmer, das auf dem Bildschirm zu sehen war. Sie beschäftigte sich ziemlich lange mit ihrem Handgepäck. Jetzt winkte sie zwei Männer herbei, deren Uniformen sie als Sicherheitsmitarbeiter auswiesen. Die drei flüsterten miteinander und deuteten auf den Monitor. Hatten sie etwas Auffälliges entdeckt? Warum durfte sie nicht endlich durch die Personenkontrolle gehen? Nur cool bleiben, dachte sie, als sie mit erhobenen Händen endlich im Körperscanner stand. Bei ihr konnte niemand etwas Außergewöhnliches feststellen.

„Gehört dieser Rucksack Ihnen, dann öffnen Sie ihn bitte", hörte sie die Sicherheitsbeauftragte sagen, als sie endlich wieder neben dem Gepäckband stand und auf ihr Gepäckstück starrte.

Sie kam ohne zu protestieren der Bitte nach und wäre am liebsten in den Erdboden versunken, als die Frau, die Einmalhandschuhe trug, sie bat, auch noch die weiße Plastiktüte zu öffnen.

„Nein, nein", flüsterte sie kaum hörbar.

Als sie nicht auf die Bitte reagierte, kippte die Mitarbeiterin ungeduldig den Inhalt des Beutels in eine bereitstehende Plastikbox. Jetzt fielen aus der Tüte die mit Banderolen zusammengehaltenen Geldbündel heraus. Es sah aus, als regnete es Geld.

„Was haben wir denn da? Das ist ja mehr als nur Taschengeld", rief die Frau ungläubig staunend und winkte die beiden männlichen Kollegen herbei.

„Bitte folgen Sie uns“, sagte einer der Männer.

Er zog sein Handy aus der Tasche und wählte eine Nummer. Der andere fasste unsanft nach ihrem Handgelenk. Tränen liefen ihr die Wangen hinunter.

(7)

Frankfurter Theater
oder
Das Ende der Unschuld

von

Astrid Hennies

7

Was Großväter angeht, hat man gewöhnlich zwei – ich hab nur den einen, Alfons Dickmann, und mit dem muss ich mich arrangieren, obwohl der Alte unsere Familie ziemlich nervt. Erstens, weil er starrköpfig ist und zweitens, weil er ein alter Nazi war oder immer noch ist und ständig mehr oder weniger laut verkündet: „Unnerm Hitler war net alles schlecht! Der hat schließlich die Autobahn gebaut und die Arbeitslosigkeit abgeschafft."

Vielleicht waren einige in dem Mietshaus, in dem wir wohnten, insgeheim durchaus seiner Meinung, da sich kaum einer mit ihm offen anlegte oder ihn zurechtwies. Tatsache aber ist, dass er allen auf den Geist ging und uns dauernd Ärger machte. Besonders, weil er auch so eine Art Blockwart-Mentalität entwickelt hatte.

„Heb des Papier uff. Mer sin doch hier net bei de Zischeuner!"

„Schließe Se des Fahrrad gefälligst drauße an de Pfahl! Des is hier im Flur verbote. Mir hawwe schließlich e Hausordnung, an die Se sich aach dra halte müsse!"

Und wenn mal zwei Jungen im Hof mit dem Fußball spielten, konnte man sicher sein, dass er Punkt ein Uhr aus dem Fenster schrie: „Mittachsruh! Haut ab unn macht euch uff'n Spielplatz!"

Er ging den Leuten auf die Nerven, fortwährend

wurden Mutter oder Vater angesprochen, zwar meist hinter vorgehaltener Hand, aber Tatsache ist, dass wir immerzu mit Großvater beschäftigt waren. Richtig nervig wurde es mit ihm, nachdem die türkische Familie über uns eingezogen war. Na ja, laut waren sie, lauter als unsere Familie, was aber auch daran lag, dass Großvater, wenn ich die Beatles oder Fleedwood Mac hörte, gleich losschrie: „Mach die Hottetottemusik leiser!“ Und dann kam Mutter in mein Zimmer und drehte die Lautstärke runter, um des lieben Friedens willen.

Zweimal in der Woche ging er zu seinem Stammtisch in der Äppelweinkneipe an der Ecke, wo so alte Zausel wie er ihr ‚Stöffche‘ trinken, bis sie davon total besoffen sind. Und dann schwadronierten die vier alten Kerle über ihre ‚glorreiche Zeit‘ bei der Wehrmacht – darüber, dass damals alles besser war, „Ruh unn Ordnung uff de Straß, kaa Droche, Diebe sinn hart bestraft worn unn Fremde, die gab‘s schon gar net.

Heut falle die doch wie die Heuschrecke bei uns in Deutschland ei. Erst die Ittaker unn dann die Törke aus’m hinnersten Anatolien. Die hawwe doch e ganz anner Kultur. Die passe doch gar net hierher!“

Meistens endete es damit, dass Mutter oder Vater ihn aus der Kneipe holten und mühsam die Treppe hochbugsierten, während der Alte lautstark vor sich hin schimpfte.

„Wir können froh sein, dass er nicht das Horst-Wessel-Lied singt“, beruhigte mein Vater dann meine Mutter, die sich immer mehr über ihren Schwiegervater erregte.

Besonders wütend waren meine Eltern, wenn er die TAZ, die sie abonniert hatten, aus dem Briefkasten holte und zugleich in lauter kleine Rechtecke zerschnitt, die er dann lochte, mit einem Bindfaden zusammenfasste und an einen Haken ins Klo hängte.

„Kommunistenpresse! Is sowieso alles geloche, was die schreibe!“

Da kam er aber bei Mutter und Vater schlecht an. Das Geschrei lockte die ganze Hausgemeinschaft an die Fenster.

Meine Eltern hatten sich in den 70er Jahren auf irgend so einem Rock-Festival kennengelernt, so ’ne Art Woodstock für Arme in einer Wetterau-Gemeinde auf einem Acker. Und noch heute bekommt Vater feuchte Augen, wenn er Janis Joplin *We shall overcome* röhren hört. Vater arbeitet beim Finanzamt in der Gutleutstraße als ‚höherer Verwaltungsbeamter’, das betont er immer, wenn das Gespräch auf seinen Beruf kommt. Nur manchmal holt er sonntags seine alte Lederjacke raus, in der er inzwischen etwas lächerlich aussieht, weil sein Bauch die Maße des ziemlich abgenutzten Lederjumpers deutlich sprengt. Es ist nicht zu übersehen, dass die James-Dean-Jahre für beide – sowohl für Vater als auch für die Jacke – merklich vorbei sind. Aber er legt unverdrossen seine Vinylplatten auf und zitiert Karl Marx. Mutter macht mit, nur wenn er zu ausgiebig seinen Marx zitiert und behauptet, dass man ohne Karl Marx die Welt nicht verstehen könne, sagt sie:

„Übertreib mal nicht, auch mit Marx kannste die Welt nicht verstehn!“

Dann sitzen sie gemeinsam auf dem Sofa, trinken so’n Gesöff, das sie Tequila nennen und ziehen sich ihren Joint rein und ich tue so, als ob ich nichts rieche, wenn ich ins Wohnzimmer komme. An solchen Sonntagen kommt Großvater nicht aus seinem Zimmer.

Ich hatte mich inzwischen daran gewöhnt, dass sie im Laufe der Jahre an mir alle möglichen Erziehungsstile ausprobierten – anfangs, als ich noch klein und sie noch ziemlich jung waren, wohnten sie mit mir in einer Wohngemeinschaft zusammen mit den Kindern der anderen aus der Group. Da konnte ich mit oder ohne Windel, meistens ohne Windel, überall nackig herumkrabbeln und alles vollkacken. Es gibt ein Foto, da sitze ich als Kleinkind vor so einem Haufen und schaue ihn voller Stolz an. Mutter nennt das auch heute noch antiautoritäre Erziehung und freie Entfaltung der natürlichen Kräfte.

Später, als wir in die erste eigene Mietwohnung zogen, war es anscheinend vorbei mit der freien Entfaltung. Vater rastete aus, wenn ich wie gewohnt losbrüllte und die Nachbarn sich beschwerten.

Und als wir nach dem Tod der Oma zu Großvater in die riesige Altbauwohnung in der Leipziger Straße zogen, wurde Mutter so’n richtiger Putzteufel, und wenn ich im Klo mal vergesse zu spülen oder mich weigere, jeden zweiten Tag zu duschen, kriegt sie Krämpfe und tobt rum.

Bei dem Alten weiß ich wenigstens, woran ich bin. Der is, wie er is und versucht nicht ständig, an mir herum zu erziehen.

Nach dem großen Krach wegen der TAZ schmollte Großvater und verließ drei Tage lang nicht sein Zimmer. Am Ende des Monats kündigten sie das Abonnement und kauften von da an die Zeitung unten am Kiosk. Opa allerdings benutzte sie weiter als Klopapier, wenn er sie in die Hände bekam.

Ansonsten wird bei uns aber wenig geredet, am wenigsten über Großvaters Vergangenheit. Nie spricht er über seine eigenen Erlebnisse während der Hitlerzeit, gibt immer nur so allgemeines Geschwätz von sich, über das meine Eltern nur stumm die Augen verdrehen.

Als wir in diesem Jahr in der Schule zum ersten Mal über den Nationalsozialismus sprachen, trug die Lehrerin uns auf, unsere Großeltern zu befragen.

Großvater saß im Lehnsessel und las einen von seinen Krimischmökern. Er sah ganz friedlich aus.

„Wie war'n das mit Hitler und den Juden, Opa?"

Ruckartig ließ er das Buch auf seine Knie fallen, schaute mich durchdringend an und hielt es sich dann wieder vor seine kurzsichtigen Augen.

„Siehste net, dass ich les? Mach dei Hausuffgabe!"

„Das ist meine Hausaufgabe. Ich soll dich fragen, was du gemacht hast in dieser Zeit."

Ärgerlich klappte er das Buch zu und stand auf und murmelte vor sich hin, während er in seinem Zimmer verschwand.

„...muss endlich mal Schluss sein...is vierzich Jahr her...hawwe genuch Wiedergutmachung bezahlt ...“

Das war’s. In der Schule hab ich mich nicht gemeldet, als die Lehrerin uns aufforderte, über die Gespräche mit den Großeltern zu berichten.

Ich weiß heute nicht mehr genau, wann sich Großvater zu verändern begann. War jedenfalls nicht lange danach. Ist mir eigentlich nur aufgefallen, weil wir Ferien hatten, Herbst 1985, und ich mich langweilte und rumhing, weil wir wieder mal nicht verreisten. Alle anderen waren weg, waren auf Mallorca oder Teneriffa, Lukas war sogar mit seinen Eltern nach Thailand geflogen. Nur meine Alten sparten, wollten raus aus der Wohnung, was Eigenes kaufen, ein Häuschen im Grünen mit Garten, wie Mutter immer schwärmte.

Irgendwann habe ich also gemerkt, dass Großvater aufhörte, die Leute, die Reste ihres Mülls neben den Containern fallen ließen, zurechtzuweisen, aufhörte, die Kinder wegen der Mittagsruhe anzuschreien, aufhörte, die türkische Mutter anzublaffen wegen des Krachs, den ihre Gören machten und schließlich sogar aufhörte, regelmäßig zu seinem Stammtisch zu gehen.

Meine Eltern begannen über diese wundersame Verwandlung zu rätseln.

„Irgendwas stimmt nicht mit ihm. Isser krank?“, fragte meine Mutter und Vater zuckte mit den Achseln. Sie machten sich echt Sorgen. Der Alte schloss sein Zimmer ab, wenn er ausging, ließ niemanden herein. Mutter rümpfte schon die Nase, denn jedes Mal, wenn er seine Tür aufmachte, drang ein Mief nach Schimmel und altem Mann aus dem Raum. Zuerst redeten sie ruhig auf ihn ein, aber er schwieg störrisch. Dann wurden sie immer lauter und schließlich schrien sie ihn und sich gegenseitig an.

Man kann sich nicht vorstellen, wie laut es in unserer Familie jetzt zuging. Mutter schrie Vater an, dass er endlich ein Machtwort sprechen sollte, dass der Alte reif fürs Altenheim sei, dass sie das nicht einen Tag länger mitmachen würde. Vater schrie zurück, dass sie eine hysterische Ziege sei, dass er seinen Vater nicht in irgendeine Anstalt abschieben würde. Türen knallten, Fenster wurden so heftig zugeschlagen, dass zwei zu Bruch gingen. Meine kleine Schwester Elli heulte und krallte sich an Mutters Kleid, und unsere Nachbarn waren jetzt diejenigen, die sich ständig über uns beschwerten – während der Alte seelenruhig in seinem Zimmer saß und sich erst nachts, wenn wir schliefen, an den Kühlschrank schlich, um unsere Vorräte leer zu fressen.

So ging es nicht weiter. Ich beschloss, etwas zu unternehmen, obwohl die Schule inzwischen wieder angefangen und ich viel zu tun hatte.

Jeden Tag am späten Nachmittag machte Großvater einen Gang um den Block, wie er es nannte. Ich folgte ihm in einigem Abstand, stellte fest, dass sein Um-den-Block-Gehen ziemlich viele Straßenblöcke umfasste. Er startete von unserem Mietshaus in der Leipziger Straße, nicht weit von der Bockenheimer Warte.

Großvater hatte trotz seines Alters noch einen ziemlich forschen Schritt, ging hinter der Warte die Treppe zur U-Bahn hinunter, zog ein Ticket und stieg in die Bahn. Schwarzfahren kam bei ihm nicht infrage, dazu war er zu korrekt, aber ich war darin schon geübt, hatte einen Blick für die Kontrolleure, die waren immer zu zweit in ihren auffällig unauffälligen Windjacken, und schlüpfte schnell aus dem Zug, wenn ich sie auf dem Bahnsteig sah.

Ich folgte Großvater, der an der Hauptwache umstieg und zu meiner großen Verwunderung an der Untermainanlage, wo Theater und Oper sind, ausstieg. Großvater und Theater? Oder wollte er in die Oper? Das war aber eigentlich noch unwahrscheinlicher. Er blieb nicht vor dem großen Glasgebäude stehen, schwenkte nach links und marschierte an den Gebäuden entlang bis zum Ende, wo KAMMERSPIEL drüberstand. Ich beschloss, ihn zu stellen.

„Opa, was soll‘n das? Willst du mir nicht verraten, was mit dir los ist?“

Er erschrak. „Wo kommsten du her?“, wehrte aber zugleich ab, „dazu biste noch zu klaa.“

Was heißt hier klein. Ich war fast 15 Jahre alt und schon 1,60 m groß und zählte mich selbst längst zu den Erwachsenen. Und jetzt sollte ich plötzlich zu klein sein. Nicht mit mir!

Als er weitergehen wollte, hielt ich ihn am Ärmel fest.

„Opa, so geht das doch nicht weiter. Die ganze Familie ist zerstritten deinetwegen. Papa ist sogar bereit, dich ins Altersheim zu schaffen. Willste das? Sag mir, was du hast."

Anscheinend hatte das Altersheim ihn doch erschreckt. Er blieb stehen und zeigte auf das riesengroße Plakat hinter den Glasscheiben.

URAUFFÜHRUNG 31. Oktober 1985
Rainer Werner Fassbinder:
DER MÜLL, DIE STADT UND DER TOD

Ich schaute den Alten verständnislos an, hatte keine Ahnung, was das sollte. Großvater hatte sich nie fürs Theater interessiert, und wenn Vater und Mutter mal abends ausgingen, dann jedenfalls nicht ins Theater, und mir selbst lag nichts so fern wie Theater – große Bühne, Leute, die in komischen Kostümen langweilige Verse deklamierten, bei denen man als Zuschauer irgendwann einschlief – das war meine Vorstellung von Theater. Allerdings war ich mit meiner Klasse letztes Jahr im Schauspiel gewesen. War um die Weihnachtszeit, da brachte das Schauspiel immer irgendwelche Stücke für Schulklassen, und da hatte unser Lehrer uns wie eine Herde Schafe reingetrieben. Mit vielen Ermahnungen „Still sitzen!" und „Mund halten!" und „Wehe, ihr quatscht zwischendurch!"

Jonas und ich, wir hatten uns vorgenommen, auf die Schauspieler mit Gummi und Papierkrabben zu schießen. Haben wir dann aber doch nicht getan. Sie haben

‚Robin Hood' gespielt. War ganz passabel, sogar spannend, mit viel Lärm und Knallerei auf der Bühne. In der Pause haben wir heimlich die Gummiringe und die vorbereiteten Geschosse in den Papierkorb geschmissen.

Aber was da auf dem Plakat stand, klang nicht nach ‚Robin Hood.' Komischer Titel – DER MÜLL, DIE STADT UND DER TOD. Heute war der 31. Oktober.

Darauf konnte ich mir keinen Reim machen. Großvater wies wieder auf die Glaswand. Erst jetzt sah ich, dass neben dem großen Plakat noch viele andere hingen, vor allem Zeitungsartikel mit Fotos von irgendwelchen Leuten. Wir beide waren nicht die Einzigen, die davorstanden, es waren sogar ziemlich viele, die das lasen und ziemlich erregt diskutierten.

„Weißte Bescheid?"

„Nee, absolut nicht."

Großvater schubst mich vor eins der Plakate, zeigt auf das Foto von einem älteren Mann, der eine beschriftete Pappe an einer Holzstange hochhielt: DAS BRAUNE GESPENST KEHRT ZURÜCK

„Den kenn ich – von früher – hab net gewusst, dass der noch lebt."

Die Menge neben und hinter uns wird immer größer und immer lauter. Mehrere Frauen halten Transparente hoch DIE STADT FRISST IHRE JUDEN, WO SIE SIE FINDET. Ein alter Mann, der sich einen Judenstern an den Mantel geheftet hat, stützt sich auf seine Frau, einige Leute rufen:

„Erst Versöhnung – dann Verhöhnung".

Andere schreien: „Zensur – Freiheit für die Kunst!"

Eine junge Frau verteilt irgendwelche Flugblätter, drückt mir eins in die Hand. Ich lese ‚Bürger, boykottiert dieses Stück.'

Ich versteh gar nichts. Was ist hier los?

Fotografen und Kameraleute tauchen auf, stoßen einige von den Demonstranten weg, versuchen den besten Blick für ihre Aufnahmen zu bekommen, greifen sich Gesichter heraus, Blitzlichter zucken auf. Journalisten treten sich gegenseitig auf die Füße, halten einem Mann das Mikrofon vor die Nase. Der brüllt:

„Bücherverbrennung haben wir schon mal gehabt – das reicht!"

Ein anderer neben ihm poltert zurück:

„Das ist doch keine Kunst – das ist Nazischeiß!"

Was ist hier los? Einige Männer in einer Art Uniform, wahrscheinlich irgendwelche vom Wachdienst, versuchen die Menge zurückzudrängen, Ordnung zu schaffen.

Einer redet auf die Frau neben uns ein:

„Sehen Sie sich doch das Stück erst mal an. Sie wissen doch gar nicht, ob das antisemitisch ist."

Großvater steht wie erstarrt in dieser sich ständig bewegenden Menge, wird von allen möglichen Leuten geschubst, aber bewegt sich nicht, starrt immer nur auf das Foto an der Glaswand und murmelt vor sich hin.

„Den kenn ich aus Lodz, aus'm Ghetto – nee, dess der noch lebt."

Ich weiß zwar nicht, worum es geht, aber hier ist echt was los. Und jetzt kommen noch andere Wachmänner, stellen sich nebeneinander:

„Zurück, Leute, seid doch vernünftig!“

Sie versuchen eine Gasse frei zu machen für die Besucher, die anscheinend in die Vorstellung wollen, bauen Absperrgitter auf, als die Premierengäste immer wieder von einzelnen Demonstranten angerempelt werden. Auch Buh-Rufe werden laut.

Gegenüber auf der anderen Straßenseite vor dem Degussa-Gebäude steht eine Gruppe Jugendlicher, kurzgeschoren, einheitliche Kleidung – dunkle Hosen, Springerstiefel, grüne Bomberjacken, sehen bedrohlich aus.

Einer aus der Menge hat ein Megafon, wendet sich an eine Gruppe von Jugendlichen vor dem Theater, von denen sich einige den Judenstern ans Revers geheftet haben.

„Geht nachher nicht allein nach Hause, bleibt in Gruppen! Lasst euch nicht provozieren. Wenn sie JUDENSAU zu euch sagen, bleibt ruhig!“

Einer, der neben ihm steht, reißt ihm das Megafon weg und schreit rein:

„Nein, dann schlagt zurück! Wir Juden haben keine Angst mehr!“

Die letzten Besucher drängen sich durch die Glastür in das kleine Kammerspielhaus.

Großvater will mich wegziehen, zeigt auf Polizisten, die mit Wasserwerfern auf der anderen Seite Stellung bezogen hatten.

„Komm, mer gehe haam , hier werd‘s gefährlich!“

Aber ich will nicht, endlich passiert was. Ist echt cool

hier.

Ich entschlüpfe seinem Handgriff, mit dem er mich am Arm festhalten will. Jetzt stürzt ein junger Mann von innen auf die Glastür zu, öffnet sie und schreit:

„Das Stück wird im Moment nicht gespielt! Wir haben die Bühne besetzt!", und rennt dann wieder zurück ins Innere.

Neben mir hinter den Absperrgittern stehen drei Mädchen, sehen aus wie Studentinnen. Sie diskutieren mit einem jungen und einem alten Mann, der sich auf eine Krücke stützt und von einer jüngeren Frau begleitet wird, die den wackligen Alten am Arm festhält.

Eines der drei Mädchen ruft:

„Ich versteh einfach nicht, dass man nicht sagen darf, dass es einen schlechten jüdischen Bauspekulanten gibt."

Und dann die andere:

„Ja, das stimmt doch, dass das Westend von den Baulöwen kaputt gemacht wird – und die meisten sind Juden!"

„Warum ist das tabu?"

Der junge Mann regt sich auf:

„Die meisten der Häuser im Westend sind unter den Nazis ihren jüdischen Eigentümern weggenommen worden. Darüber redet keiner mehr!"

Jetzt mischt sich die Frau ein, die neben dem Alten mit der Krücke steht und wendet sich an die Mädchen.

„Sie sind jung, Sie wurden nicht verfolgt. Wenn Sie oder Ihre Eltern in Auschwitz gewesen wären, so wie meine Eltern, dann würden Sie anders reden. Das Stück von dem Fassbinder ist ein Nazistück."

Das Mädchen darauf trotzig:

„Er war ein Künstler und das hier ist Zensur!"

Wieder stürzt einer aus dem Inneren vor die Tür.

„Wir halten die Bühne besetzt! Die Vorstellung ist immer noch verhindert! Alle jüdischen Bürger Frankfurts sind dagegen, weil…!"

Jetzt mischt sich noch ein anderer ein, der ihm ins Wort fällt – nicht mehr ganz jung, Halbglatze und Bart, erinnert mich an meinen Vater, wenn der seinen Marx zitiert – derselbe Glanz im Gesicht, dieselbe Predigerstimme.

„Wieso alle jüdischen Bürger von Frankfurt – ich bin Jude und fühle mich von diesem Stück nicht beleidigt. Ich akzeptiere euren Protest, ich akzeptier sogar, dass ihr die Aufführung sprengt. Das haben wir früher auch gemacht, das ist ehrbare Tradition der 68er-Bewegung, und dafür beglückwünsche ich die jüdische Gemeinde. Abgesehen davon, dass das Stück selbst Mist ist, schlecht zusammengeschustert. Warum soll ein Jude nicht ein reicher Spekulant genannt werden, wenn es doch stimmt? Es gibt jüdische Bordellbesitzer und jüdische Barbesitzer – ebenso wie christliche Spekulanten, Bordell- und Barbesitzer."

Jetzt erregt sich der alte Jude, der bisher stumm zugehört hat, ereifert sich mit zittriger, aber lauter Stimme:

„Was schreist du so, was blähst du dich so auf? Bist a Judd und meinst ernsthaft, dass sich jemand, der in Auschwitz war, in dem Stück anhören muss, wie so a deutscher Kackes sagt, man hab vergessen, den Judd zu vergasen? Gibt's dazu ein Recht? Da gibt's gar kein Recht – nicht einmal das Recht auf Freiheit der Kunst."

Und damit dreht sich der alte Mann um und humpelt, gestützt auf die Frau, davon. Ich sehe ihm nach, stutze plötzlich, erkenne ihn – es ist der Mann vom Plakat.

Großvater hat sich erschrocken umgedreht, als der Alte angefangen hat zu reden. Ich merke, wie er erstarrt und ihn geradezu mit Stielaugen anglotzt. Und dann zieht er mich weg und läuft wie gehetzt zur U-Bahn-Station.

Wir fahren nach Hause, diesmal muss ich ihn daran erinnern, Tickets zu lösen. Er selbst wäre ungebremst mit mir im Schlepptau die Treppe zum Bahnsteig runtergerannt. Im Abteil sitzt er stumm neben mir. Kein Wort. Ich schaue ihn von der Seite an. Irgendwie ist der Alte geschrumpft, hat an Kraft, an Größe, an Bestimmtheit, an Selbstsicherheit verloren. Irgendwie sieht er morsch aus, so richtig krumplig, dass er mir fast leidtut. Er sitzt da, die Hände zwischen den Knien, zusammengesunken und murmelt immer wieder vor sich hin:

„Des isser, des isser – Edek Weitzmann aus Lodz."

Als wir zuhause ankommen, will er mich gleich in sein Zimmer schleppen. Aber davor sitzen meine beiden Alten, aufrecht und starr mit durchgedrücktem Kreuz und verkniffenen Mündern, sitzen da und schauen streng wie die Vorsitzenden vom Schrebergartenverein, die in einem der Gärten Unkraut entdeckt haben.

„Vater, so geht das nicht, einfach mit dem Jungen verschwinden, ohne ein Wort zu sagen.“

„Du solltest dich was schämen, hast den Jungen wahrscheinlich in irgend so eine von deinen schmuddligen Kneipen geschleppt.“

„So geht das nicht weiter, wir müssen übers Altersheim mit dir reden.“

Großvater kümmert sich nicht um ihr Gezeter, nuschelt nur vor sich hin: „Is immer noch mei Wohnung“, zieht mich weiter Richtung Zimmer, schließt die Tür auf und dann wieder von innen ab. Das Letzte, was ich sehe, sind die verblüfften Gesichter meiner Eltern, die wie erstarrt auf dem Sofa hocken.

„Hock dich hi!“

Damit drückt er mich in den einzigen Sessel, während er an den Schrank geht, dieses Ungetüm von Eichenholzmöbel, das mit Fächern, Türen und zwei Glasvitrinen links und rechts sein Zimmer verunstaltet. Hier bewahrt er alles auf, was ihm wichtig ist, und dazu gehört auch die grüne Flasche mit Kornbrand, die er rausholt, um daraus einen ordentlichen Schluck zu nehmen.

Anscheinend will er mir auch was anbieten, zögert dann aber. „Des is noch nix für dich“, und trinkt weiter allein aus der Flasche, bevor er umständlich mit seinem Schlüsselbund hantiert, endlich den richtigen Schlüssel findet und eine der Schubladen aufschließt. Er kramt ein Fotoalbum hervor. Von meinem Platz aus kann ich eins dieser altertümlichen, in Stoff gebundenen Alben erkennen, mit Transparentpapier zwischen den Seiten, auf die

Schwarzweiß-Aufnahmen mit dem geriffelten Rand durch vier Klebeecken fixiert waren.

Langsam blättert er eine Seite nach der anderen um. Mich hat er anscheinend vollkommen vergessen. Ich sitze in dem nach seinem Pfeifentabak stinkenden Sessel, wage mich nicht zu rühren und warte, dass er mir endlich was erklären würde. Schließlich fummelt er ein Foto heraus und reicht es mir. Es brauchte nicht seinen Kommentar, um ihn zu erkennen.

„Des bin ich, Obergefreiter Alfons Dickmann, September 1942, da bin ich 24 Jahr gewese unn von Aafang aa debei."

Nicht ohne Stolz weist er auf die Orden hin, die seine Uniform schmücken.

„Siehste, des isses, des Eiserne Kreuz 1. Klasse, verliehe für persönliche Tapferkeit vor dem Feind. Unn hier die silberne Nahkampfspang, die haste gekrischt, wenn de 25 Taach Nahkampferfahrung hatt'st, wo de des Weiße im Aach des Feindes gesehe hast, war die zweithöchste Auszeichnung bei de Infanterie. Da war ich an de Ostfront, Infanterie-Reschiment 186. Da sinn mer in die Schlacht von Noworossijsk bis ans Schwarze Meer dorschgestoße - na ja, des sacht dir alles nix."

Ich weiß nicht, was ich sagen soll, was er da erzählt, ist irgendwie gruselig, aber andererseits auch spannend. Ich hätte ihn am liebsten gefragt, wie das gewesen war, das Weiße im Auge des Feindes, muss doch wahnsinnig aufregend gewesen sein. Als ob er meine Gedanken errät, wehrt er ab.

„Glaab net, dass des Spass gemacht hätt, nee, im Gescheteil, mir ham vor Angst die Knie gezittert unn ehrlich – zwaamal hab ich mer vor Angst in die Hos gemacht. Unn da war ich net de Aanzische. Des ging de annern genauso.“

Er schweigt, ich bin still, warte, dass er weitererzählt. Er nimmt einen weiteren großen Schluck aus der grünen Flasche, bevor er sich wieder das alte Album vornimmt und mehrere Seiten umblättert, bis er endlich auf ein Foto zeigt.

„Da, da isses, des is in Lodz – damals hat des noch Litzmannstadt gehaaße – im Ghetto, da war ich vorher, beim Sicherheitsdienst.“

Wieder Schweigen, ein weiterer Schluck aus der Flasche.

Dann schaut er mich an, aber auch irgendwie glasig an mir vorbei, wobei er das Foto mit unruhigen Händen auf seinen Knien hin- und herschiebt.

„Wie des mit'n Hitler aafing, war ich nettemal fuffzehn Jahr, Hauptschulabschluss und kaa Abeit. De Vadder war abeitslos, unn ich hing rum unn hab vergeblich versucht, e paar Grosche zu verdiene, was awwer mastens net klappte. Bei uns war Schmalhans Küchemaaster, wie mei Mudder immer gesacht hat, wenn se widder die klumpisch Gerstesupp gekocht hatt. De Vadder war früher so 'ne Art Hausmaaster bei de Adler-Werke im Gallusviertel gewese, is awwer während de Inflation entlasse worn. Seitdem hatter ständisch Angst gehabbt, weiter abzurutsche. Mir all, mei ganz Familie und ganz

Deutschland laache einfach am Bode. Und dann kam aaner, der versproche hat, uns alle wie uff Flüschel widder hoch unn immer höher zu traache.

Unn dann gings aach uffwärts. Vadder wurd Hausmaaster im Polizeipräsidium und mich hawwe se bei de Polizei eingestellt, unn später hawwe se mich beim SD, dem Sicherheitsdienst übernomme.

Unn so bin ich 1942 nach Lodz gekomme, da war ich dann schon Hauptwachmaaster."

Wieder stockt er, blickt ins Leere. Inzwischen ist es weit nach Mitternacht, ich werde langsam müde, zwinge mich aber, wachzubleiben, weil ich den Eindruck habe, Großvater wird jetzt endlich was über diesen rätselhaften Alten vor dem Theater sagen. Ich beuge mich vor, nehme ihm das Foto aus der Hand, kann nicht viel erkennen. Im Vordergrund knien mehrere Leute, die mit irgendwelchen Gerätschaften, die aussehen wie Zahnbürsten, die Straße putzen. Dahinter stehen lachende Männer in Uniform.

„Und das war in Lodz?", wage ich zu fragen.

„Ja, im Ghetto, unn die Uniformierte warn von de Polizei oder vom Sicherheitsdienst, die maaste jedenfalls."

Er zögert, bevor er sagt: „Ich aach, da hinne, de dritte von links."

Wieder Schweigen. Ich betrachte das Foto genauer, kann ihn aber nicht erkennen. Die Aufnahme ist nicht sehr scharf.

„Ist der alte Mann von vorhin auch darauf?"

„Edek Weitzmann, nee, uff dem Foto net, aber damals im Ghetto, da war er mit de ganz Familie - Vadder , Mudder, zwei Schwestern unn de Schwaacher. Ich kannte den, der Edek hat früher aach in de Leipzischer Straaß gewohnt, unn mir sinn in die gleisch Grundschul in Bockenheim gegange."

Er holt tief Luft, so als wollte er Kraft für einen anstrengenden Langlauf einatmen.

„Die da uff dem Foto sinn am nächste Tach all erschosse worn – vor de Stadt.

Ich hatt Glück, hab Dienst gehabt unn musst an dem Taach des Ghetto von inne bewache, war ja alles voll mit Stacheldraht, um es vom Rest de Stadt Lodz abzutrenne. Unn da stand er plötzlich vor mir, Edek oder Ede, wie mer als Schüler immer zu ihm gesacht ham."

Wieder zögert er, dann wuchtet er sich hoch vom Stuhl, geht an den Schrank und holt eine alte Zigarrenkiste. Als er wieder sitzt, kramt er einen Zeitungsartikel hervor. Einen von den zerschnittenen Artikeln aus der TAZ. Er reicht ihn mir rüber, tippt mit dem Finger auf ein Foto über dem Artikel, und ich erkenne den Alten von der Demo. Da steht der ganz vorne in der ersten Reihe, hält ein Pappschild hoch mit so Krakelbuchstaben, die ich nicht lesen kann. Hinter und neben ihm andere, die ebenfalls Plakate hochhalten.

„Des Bild hab ich in de Kommuniste-Zeitung von deine Eltern gefunne. Hab'n gleich erkannt, obwohl er alt geworn is, de Ede."

Ich lese den von Großvater rot markierten Abschnitt

aus dem Artikel darunter. In fetten Buchstaben die Überschrift

Günther Rühle, Intendant des Frankfurter Schauspielhauses, hält an seinem Plan fest, Fassbinders umstrittenen Text von 1976 auf der Kammerspiel-Bühne zu zeigen.

Und dann spricht einer über sich selbst. Ist wohl aus dem ‚umstrittenen Text'.

Ich bin der reiche Jude. Ich kaufe Häuser in dieser Stadt, reiße sie ab, baue neue, die verkaufe ich gut. Die Stadt schützt mich, das muss sie. Zudem bin ich Jude. Der Polizeipräsident ist mein Freund, was man so Freund nennt, der Bürgermeister lädt mich gern ein, auf die Stadtverordneten kann ich zählen ... Es muss mir egal sein , ob Kinder weinen, ob Alte, Gebrechliche leiden. Es muss mir egal sein. Und das Wutgeheul mancher, das überhör ich einfach. Was soll ich auch sonst. Mit schlechtem Gewissen mir Krankheiten auf den Buckel laden? Die Krätze oder die Pest? ... Soll meine Seele geradestehen für die Beschlüsse anderer, die ich nur ausführe mit dem Profit, den ich brauch?

Ich lese, verstehe zwar nicht alles, aber find den Sprecher ziemlich eingebildet, und das mit der Krätze und der Pest ist irgendwie abstoßend. Aber eigentlich hat er recht, er ist es ja nicht allein, da steht, dass alle mitmachen – oder stimmt das nicht? Aber im Grunde hab ich keine Ahnung, was da läuft in Frankfurt, hat mich ja auch bisher nicht interessiert, erinnere mich nur dunkel, dass ich manchmal die Demos gesehen habe, die von der Uni hier in Bockenheim losliefen und bei uns am Haus vorbeikamen. Fand ich irgendwie geil, wie die immer alle im Sprechchor geschrien haben: *HÄNDE WEG VOM WESTEND* oder *SPEKULANTEN RAUS*.

Damals hab ich noch nicht mal gewusst, was SPEKULANTEN heißt. Ist klar, da war ich ja erst sieben Jahre alt – hab wohl gedacht, dass das was mit den SPEKULATIUS zu tun hat, den Plätzchen, die es immer zu Weihnachten gab, und Mutter hat mich auch immer gleich weggezogen und wortlos Fenster und Gardinen geschlossen.

Es gibt noch einen weiteren, rot angestrichenen Absatz. Da spricht ein anderer aus dem Stück, Hans von Gluck, ein Geschäftsmann:

Er saugt uns aus, der Jud. Trinkt unser Blut und setzt uns ins Unrecht, weil er Jud ist und wir die Schuld tragen...aber Schuld hat der Jud, weil er uns schuldig macht, denn er ist da. ... Hätten sie ihn vergast, ich könnt heute besser schlafen. Sie haben vergessen, ihn zu vergasen. Das ist kein Witz, so denkt es in mir.“

Ich gebe Großvater den Zeitungsartikel zurück. Was da steht, ist wirklich schlimm, richtig gemein, könnt von Opa sein. Denkt es vielleicht auch in ihm so, wenn er besoffen ist? Als ob er meine Gedanken ahnt, schüttelt er den Kopf.

„Nee, nee, so was hätt ich nie gesacht!“

‚Aber vielleicht gedacht’, überleg ich mir.

Obwohl – ich schau ihn mir genauer an. Es stimmt, er hat sich verändert in der letzten Zeit, dieser verknitterte Alte ist nicht mehr derselbe wie früher. Saufen tut er zwar immer noch, aber nur für sich alleine, und er schwadroniert nicht mehr lauthals über Hitler, die Juden und die schöne Zeit damals.

Er nimmt mir den Zeitungsartikel weg und legt ihn zurück in die Zigarrenkiste.

„So, nu weißte Bescheid."

Na, das war nun wirklich übertrieben. In meinem Kopf wirbelte alles durcheinander, und von Bescheidwissen konnte nicht die Rede sein. Aber Großvater wollte anscheinend reden, alles loswerden und ließ mir keine Zeit für Fragen.

„Ja, wie gesacht, damals wie ich de Wachdienst geschobe hab, in Lodz am Ghetto, da stand er plötzlich vor mir, de Ede, mein alter Schulkamerad aus de Leipzischer Straaß in Frankfurt."

Wieder stockt er, versinkt in Gedanken, reißt sich aber zusammen und stößt die folgenden Sätze hervor, als wollte er das alles schnell hinter sich bringen.

„Damals in Lodz, da stand ich also vorm Stacheldraht, wa awwer net allaans. Nebe mir war aaner von de Kripo. Die hatte ihr Hauptquartier im Pfarrhaus von de Kersch Unserer Gesegneten Jungfrau Maria – ausgerechnet. In de Keller von de Kersch warn die Folterzellen von de Gefangene. Unn mir hatte de Befehl, jeden zu erschieße, der sich dem Stacheldraht von inne näherte.

Unn dann schlurfte da einer ran. Ich hab'n Schreck gekrischt, erkenn ihn, des war Ede, mein alter Schulkamerad aus de Bockenheimer Penne, unn mer konnt schon von weitem sehn, dess der Angst gehabt hatt.

Jedenfalls de Kripomann hält'n Ede an, untersucht'n und findet Geld bei' em. Da war'n aach vier Dollarnote dabei, waaß heut noch net, wie der da dran gekomme is. Damals hat mer im Ghetto für Gold, Schmuck oder gute Währung noch hin und widder Lebensmittel kaafe könne. War awwer für Judde streng verbote, stand die Todesstraf druff. Der Kripomann fängt an, Ede zu prüschele, der guckt mich aa, erkennt mich natürlich, sacht aber nix. Ich aach net. Der von de Kripo schläscht Edek nieder, tritt ihn unn setzt ihm de Pistol an de Kopp. Ich guck weg, weil ich net sehe will, wie er'n erschießt."

Opa unterbricht sich, ich warte. Er trinkt einen weiteren Schluck aus der Flasche.

„Da fängt de Ede unnerm Stiefel vom Poliziste zu wimmern aa, zu schreie, gibt zu, dass er des Geld von seiner Schwester unn ihr'm Mann hätt unn verrät aach noch die Adress, nachdem der Kripomann weiter mit entsischerter Pistol uff ihn zielt.

Erst da bin ich aus meiner Erstarrung uffgewacht unn hab den Kripomann überred, dass er den Judd lebe lasse sollt, weil er uns vielleicht noch mehr verrate könnt. Unn dann hab ich mich aagebote, den Judd ins Hauptquartier zu bringe. Der Polizist fixiert mich, hat mich zwar als en gude Parteigenoss akzeptiert, awwer mei Aagebot abgelehnt.

„Den bring ich selbst dahin“, bellt er mich an. Ich hab noch gesehe, wie der die Dollars in sei Uniformjack verstaut. Unn bevor er den blutende und hinkende Edek vor sich hertreibt, kann der mir noch stockend zuflüstern: „Warne... meine Familie... bitte!“

Und jetzt verstummt Großvater. Ich traue mich nicht, sein Schweigen zu unterbrechen. Schließlich erzählt er zögernd, um jedes Wort ringend, weiter.

„Als ich nach Dienstschluss ins Hauptquartier zurückkomm, is da Halligalli, einer von de Hauptleut hat Geburtstach unn Schnaps spendiert. Ich will runner in de Keller unn nach'm Ede gucke, komm awwer net los. Unn weil ich kein Spielverderber sein will unn aach net ufffalle will, mach ich alles mit unn trink unn gröhl mit de annern. Weil – wenn mer sich net so verhält wie die annern, gerät mer schnell in Verdacht.“

Großvater stockt, starrt vor sich hin. Ich wage mich nicht zu rühren, will die Bilder nicht an mich heranlassen, kann mich aber nicht dagegen wehren. Dann gibt er sich einen Ruck und erzählt weiter.

„Es war schon fast Mitternacht, als ich dann endlich bei de Adress von dem Ede im Ghetto aakomm.

Die Wohnungstür steht sperrangelweit uff. Vadder, Mudder, sei Schwestern unn de Schwaacher von dem Ede liesche erschosse uff'm Bode unn aus'm gespaltene Schädel vom Schwaacher quillt Blut unn Gehirnmass hervor. Ich musst mich übergebbe ... Edek hab ich danach net mer gesehe – erst widder uff'm Foto inner Zeitung und dann ... heut.“

Schweigen.

Großvater sitzt versunken in diesem Schweigen. Erst als ich den Schlüssel umdrehe und die Tür aufschließe, schaut er mich an.

„Kann einer en schamlose Feischling sein unn sich dennoch schäme?“

Leise schließe ich die Tür hinter mir.

In dieser Nacht begann ich etwas von der Furchtbarkeit des Lebens zu ahnen.

Quellennachweise

Die Zitate und die Schilderung der Ereignisse vor dem KAMMERSPIEL der Städtischen Bühnen Frankfurt am Main beruhen auf der Dokumentation, die das Schauspiel Frankfurt im Oktober 1985 herausgegeben hat:

- Fassbinder ohne Ende. Eine Dokumentation anlässlich der Uraufführung von Rainer Werner Fassbinders Theaterstück. DER MÜLL, DIE STADT UND DER TOD im Kammerspiel des Schauspiels Frankfurt am 31. Oktober 1985

und

- Heiner Lichtenstein (Hrg.), Die Fassbinder-Kontroverse oder Das Ende der Schonzeit, Athenäum Verlag, Königstein/Ts., 1986

Die Zitate sind entnommen aus: Rainer Werner Fassbinder, DER MÜLL, DIE STADT UND DER TOD/ NUR EINE SCHEIBE BROT. Zwei Stücke, Verlag der Autoren, Frankfurt a.M. 1998

Die öffentliche Aufführung in den Kammerspielen Frankfurt am 31. Oktober 1985 wurde infolge der Besetzung der Bühne durch 30 Mitglieder der Jüdischen Gemeinde verhindert. Eine nicht öffentliche Probe vor 200 eingeladenen Kritikern und Angestellten des Schauspiels

Frankfurt/M. am 04.11.1985 wurde später vom Verlag der Autoren als Uraufführung gewertet.

Die Aufführung des Stückes am 1.Oktober 2009 im Theater an der Ruhr in Mülheim/Ruhr gilt als die eigentliche deutsche Erstaufführung.

Titelfoto

Institut für Stadtgeschichte , Signatur S7/FR 8.272 , Kurt Weiner, Demonstration vor dem Kammerspiel gegen die Aufführung des Stücks von Rainer Werner Fassbinder "Der Müll, die Stadt und der Tod"   31.Oktober 1985

(8)

Dichtung und Wahrheit am Main

von

Chris Böhm

8

Es war einer dieser milden wolkenlosen Spätsommernächte Ende August, von denen man wünschte, dass sie nie endeten. Die Straßen hatten sich geleert, nur wenige Spaziergänger waren noch unterwegs und genossen die Ruhe in den Straßen abseits der City. Die hell erleuchteten Hochhäuser grüßten majestätisch von der anderen Seite des Mains und spiegelten sich im träge dahinfließenden Wasser des Stromes. Ein paar späte Jogger liefen unten am Mainuferweg entlang, irgendwo bellte ein Hund. Sogar die Ampeln am Museumsufer langweilten sich, weil sich kaum jemand mehr für ihr Farbenspiel interessierte. Vom Turm der nahen Dreikönigskirche schlug es Mitternacht.

Leise quietschte die große Eingangstür in den Angeln und öffnete sich langsam. Ein junger Mann in zerschlissenen Jeans, Turnschuhen und einer Baseballkappe auf dem Kopf erschien im Türrahmen und blickte sich vorsichtig nach allen Seiten um. Alles ruhig weit und breit, das Museumsufer menschenleer. Sehr gut, dachte Max und nickte zufrieden. Er drehte sich wieder um und schaute durch den Windfang zurück ins Innere des prachtvollen Gebäudes. Dabei winkte er mit dem rechten Arm, während er den linken Zeigefinger warnend auf die Lippen legte.

„Pst, Johann, sei leise. Komm, ich helfe dir bei den Stufen.“

Sein Begleiter schob sich schwerfällig hinter ihm aus dem Haus und zog seinen großen Schlapphut tief ins Gesicht. Er blieb kurz stehen, zögerte und gab sich dann einen Ruck, bevor er ins Freie trat. Der Mann trug einen hellen mantelartigen Umhang, unter dem eine rote Jacke hervorschaute, eine altmodische ockerfarbene Bundhose, helle seidene Strümpfe und graue gebundene Schuhe. Sie schienen nicht sehr bequem zu sein, die Schuhe, denn als sein Besitzer sich jetzt daran machte, die Stufen vor dem Haus hinabzusteigen, sah man, dass er mit dem rechten Fuß vorsichtiger auftrat als mit dem linken. Auch schien das linke Bein länger als das rechte zu sein, so dass es aussah, als hinke der Mann. Durch seine Kleidung und sein Gebrechen wirkte er deutlich älter als er in Wirklichkeit war. Er achtete nicht auf seine Umgebung, denn er war viel zu beschäftigt damit, ohne Stolpern voranzukommen und nicht hinzufallen. So sah er weder die hochaufragenden beleuchteten Hochhäuser am jenseitigen Flussufer noch die hellen Scheinwerfer der wenigen vorbeifahrenden Autos.

„Verdammt, Junge“, murmelte er mit zusammengebissenen Zähnen, „ich bin das Laufen nicht mehr gewöhnt. Hilf mir, damit ich vorankomme.“

Aber da war Max schon zur Stelle und nahm ihn am Arm.

„Komm, stütz dich auf mich, dann ist es bequemer für dich.“

Endlich hatten sie die letzte Stufe erreicht, und der junge Mann steuerte im Schein der Straßenlaternen auf eine steinerne Bank in der Nähe des hohen schmiedeeisernen Zauns zu, auf der sich beide erst einmal niederließen, bevor sie sich kurze Zeit später aufmachten und in der Dunkelheit verschwanden.

Max Wagner war 24 Jahre alt und stammte aus München. Er lebte seit etwas mehr als drei Jahren in Frankfurt und besuchte dort die Meisterklasse der Städelschule. Er war begabt und kreativ, ein talentierter, höchst kunstverständiger junger Mann, jedoch bisher ohne allzu großen Ehrgeiz. Er liebte die Malkunst, beschäftigte sich aber auch gern mit formgebenden Materialien. Dabei hatte er einen scharfen Blick für Details und entwickelte erstaunliche Fertigkeiten, wenn es darum ging, berühmte Werke auf die verschiedensten Arten neu zu interpretieren.

Max hatte das vierte Semester gerade hinter sich und sollte demnächst seine Zwischenprüfung ablegen, für die die Prüfungsordnung eine eigene künstlerische Arbeit vorsah. Es war bereits Max´ zweiter Anlauf, denn beim ersten Mal hatte er den Abgabetermin verschusselt und aus Wut darüber tagelang keinen Fuß mehr in die Atelierräume der Studenten in der Hochschule, die sich an den Südflügel des Städel-Museums anschloss, gesetzt, wo er sonst oft arbeitete.

In den Semesterferien und auch noch danach hing er herum und tauchte nur selten bei seinen Kommilitonen und noch seltener in den Vorlesungen auf. Skizzierte mal hier und experimentierte mal dort, immer auf der Suche nach einer zündenden Idee, die sich diesmal einfach nicht einstellen wollte.

Aber dann, eines schönen Tages, als er wieder einmal rastlos kreuz und quer durch die großen Ausstellungsräume der modernen Abteilung im Untergeschoss des Museums gelaufen war, hatte es plötzlich Klick in seinem Kopf gemacht. Zuerst war es nur ein flüchtiger Gedanke gewesen, eine vage Idee, die ihm nicht mehr aus dem Kopf ging und ihn von Tag zu Tag mehr faszinierte, je mehr er sich damit beschäftigte. Nicht die modere Malerei war es, zu der es ihn hinzog, nein, die alten Meister hatten es ihm angetan, ihre Materialien, Farben und vor allem ihre Techniken und was sich damit heutzutage alles anstellen ließ. Er wunderte sich, dass er nicht schon längst darauf gekommen war, zumal er sicher war, dass sich damit auch eine Menge Geld verdienen ließ. Und Geld brauchte er immer. Seitdem stand seine ursprüngliche Zwischenprüfungsarbeit, eine großformatige abstrakte Orgie in Rot, unbeachtet in einer Ecke seines kleinen privaten Arbeitsraums im Ateliergebäude im Frankfurter Osthafen und lief Gefahr, in Vergessenheit zu geraten.

In der Folgezeit verbrachte er zunächst viele Tage damit, stundenlang mit seinem Skizzenblock durch die Ausstellungsräume des Städel-Museums zu streifen und immer wieder die Gemälde bekannter Maler aus allen Perspektiven sorgfältig zu betrachten, sie zu analysieren und zu skizzieren. Ein Bild hatte es ihm dabei besonders angetan, deshalb begann er nach kurzer Zeit seine Rundgänge immer im vorderen Ausstellungssaal des ersten Stocks. Bald hielt er sich nur noch dort auf und konzentrierte sich auf dieses eine Bild und seine Besonderheiten, das ihn in seinen Bann zog, Tischbeins großformatiges Gemälde. Zu dem Dichter, um dessen Porträt in der römischen Campagna es sich handelte, entwickelte er eine besondere Beziehung, fast eine Art Freundschaft, so dass er ihn bei sich nur noch „Johann" nannte. Er war fasziniert von diesem Mann mit dem Schlapphut, der sich da lässig vor der italienischen Landschaft räkelte. Er machte sich Notizen und fertigte immer wieder neue Skizzen aus den verschiedensten Perspektiven an.

Johann war es seit langem gewöhnt, dass viele Besucher vor ihm stehenblieben, ihn von allen Seiten betrachteten und über ihn redeten. Die meisten kannten und verehrten ihn und seine Dichtkunst. Das tat ihm gut und schmeichelte seiner Eitelkeit.

Seit einiger Zeit gab es jedoch ein anderes Thema, das die Menschen viel mehr zu fesseln schien. Wenn sie vor ihm standen, zeigten sie plötzlich auf seine Beine und unterhielten sich ungeniert über seine Schuhe, mit denen irgendetwas nicht zu stimmen schien. Er konnte sich zuerst keinen Reim darauf machen und hatte sich deshalb vorgenommen, irgendwann mit dem jungen Studenten darüber zu sprechen, der sich in letzter Zeit ständig in seiner Nähe herumtrieb und ihn immer wieder von allen

Seiten betrachtete und skizzierte. Johann hatte ihn schon seit längerem beobachtet und festgestellt, dass er einen kritischen Blick und eine Menge Kunstverstand besaß. So wartete er auf einen günstigen Moment, und als er sich eines Tages um die Mittagszeit mit ihm allein im Raum befand und es keine ungebetenen Zuhörer gab, rief er ihm mit gedämpfter Stimme zu:

„Hallo, du da…, ja du, junger Mann, wie heißt du?"

Max erschrak, schaute von seinem Skizzenblock auf, und als er sah, dass Johann ihm zuzwinkerte, fasste er sich schnell wieder, trat einen Schritt näher und antwortete:

„Wagner, ich heiße Max Wagner", und nach einer kurzen Pause: „Warum fragst du?"

Johann grinste.

„So, so, Wagner heißt du also. Ich kannte früher auch mal einen Wagner. Ach nein, da bringe ich wohl etwas durcheinander, das war ja der Faust. Egal. Ihr seid wahrscheinlich nicht miteinander verwandt, oder?"

Max schüttelte den Kopf.

„Und was zeichnest du da dauernd?"

Der junge Mann fühlte sich ertappt. Er kaute verlegen an seinem Stift und drehte dann den Skizzenblock herum:

„Deine … Füße, mit denen ist irgendwas nicht in Ordnung. Sag bloß, du hast das noch nicht bemerkt?"

„Doch, schon, aber nur, weil die Leute neuerdings dauernd darüber reden. Mich hat es bisher nicht gestört, ich sitze ja immer." Er zuckte mit den Achseln und gab sich uninteressiert.

Max runzelte die Stirn.

„Oder … die Schuhe … ja … doch, ich glaube, es sind eher die Schuhe. Die müsste ich mir mal genauer ansehen. Dafür brauche ich allerdings spezielles Quarzlicht, das gibt´s aber nur bei den Restauratoren. Da hat der Tischbein wohl damals gepfuscht. Vielleicht ließe sich das mit ein bisschen Geschick korrigieren."

„Na prima. Dann mach das doch, aber möglichst bald, wenn ich bitten darf. Ich mag nicht, wenn die Leute sich über meine Füße lustig machen", brummte Johann und nahm wieder seine gewohnte Pose ein, als eine Gruppe Schüler lärmend den Raum betrat.

‚Ja, wenn das so einfach wäre', dachte Max bei sich, schwieg aber und beließ es erst einmal dabei.

So hatte es angefangen. Und von diesem Tag an trafen sie sich täglich, meistens kurz vor Schließung des Museums, wenn sich nur noch die Wachleute in den Räumen aufhielten. Sie redeten miteinander und lernten sich immer besser kennen. Es dauerte nicht lange, da kannte Johann die Wünsche und Sehnsüchte seines jungen Freundes. Sie gefielen ihm und so beschloss er, ihm zu helfen.

Max war sich inzwischen sicher, dass das „Gebrechen" seines Freundes nur ein bedauerlicher Irrtum seines Schöpfers oder eines seiner Schüler gewesen war, für dessen Beseitigung ein Künstler wie er mühelos sorgen konnte. Johann sollte wieder richtig laufen können.

Dafür wollte er sorgen, nahm er sich vor. Wie er das bewerkstelligen sollte, wusste er zwar noch nicht genau, aber tief in seinem Unterbewusstsein formte sich bereits eine ungeheuerliche Idee. Eine neue Prüfungsarbeit, wie es sie bisher noch nie gegeben hatte. Das war es. Diese Arbeit sollte sein Gesellenstück werden, über das die ganze Stadt, ach was, die ganze Welt reden würde. Damit wäre er auf einen Schlag berühmt. Seine hochfliegenden Phantastereien kannten keine Grenzen.

Er lernte jeden Tag ein bisschen mehr über das Leben des Meisters, über dessen Werke, über seine Reisen nach Italien und seine italienischen Studien, die rund 200 Jahre zurücklagen, und er hörte mit Staunen von Johanns eigenen Mal- und Kopierversuchen am Corso in Rom im Atelier seines Malerfreundes.

Eines Tages war es dann endlich so weit. Alles war bereit, die Zeitreise konnte beginnen.

Es war Montag, der 28. August, als Wilhelm, der dienstälteste Mitarbeiter und Leiter des Wachpersonals im Städel-Museum, morgens gegen halb acht die Zentralbeleuchtung einschaltete und sich früher als sonst auf seinen täglichen Kontrollgang durch die Ausstellungsräume machte, um zu prüfen, ob die Klimageräte funktionierten und die Alarmanlagen in den einzelnen Räumen ordnungsgemäß aktiviert waren. Zwar blieb das Haus wie fast alle Museen montags für die Öffentlichkeit geschlossen, doch Wilhelm ließ es sich nicht nehmen, auch an den Montagen hin und wieder nach dem Rechten zu sehen. Heute war ein solcher Montag und außerdem ein ganz besonderer Tag, denn es war nicht nur sein eigener, sondern auch Goethes Geburtstag. Deshalb war er früher als sonst auf den Beinen und wollte seinen Rundgang vor Tischbeins berühmtem Gemälde beginnen, um seinem geliebten Dichter wie jedes Jahr mit einer weißen Rose zu gratulieren.

Wilhelm wurde von allen Mitarbeitern im Haus und von „seinen" Schülern nur Goethe-Willi genannt, weil jeder im Haus seine Vorliebe für den großen Dichterfürsten kannte und alle natürlich wussten, dass Goethe und er am gleichen Tag Geburtstag hatten. Er stieg die breite Marmortreppe zum ersten Stock empor, zog seinen großen Schlüsselbund hervor und öffnete die mächtige Flügeltür. Voller Vorfreude betrat er den großen Raum und war noch unschlüssig, ob er seine Rose ganz dezent links hinter der Marmorstatue der Esmeralda oder direkt in der Mitte auf den Boden unter das Tischbein-Gemälde legen sollte. Plötzlich stockte ihm der Atem, und er blieb wie angewurzelt stehen. Was war das? Ein Trugbild? Er taumelte, um ihn drehte sich alles. Sein Herz schlug ihm bis zum Hals, ein brennender Schmerz presste seinen Brustkorb zusammen. Vor ihm an der Stirnwand des Raumes sah er wie durch einen Vorhang den vertrauten Goldrahmen mit dem oder besser mit einem Gemälde, das die weite hügelige Landschaft der römischen Campagna und das umgestürzte Marmorrelief zeigte, vor dem eigentlich der Dichterfürst posieren sollte. Doch der war verschwunden, einfach verschwunden.

Die beiden kleinen Gemälde links und rechts neben der weiten römischen Landschaft, links das Bild „Tarantella“ auf Holz und rechts ein kleines Frankfurter Ölbild, schwankten vor den entsetzten Augen des Wachmanns hin und her und schienen ihm zuzurufen: „Na, was sagst du nun? Sieh uns ruhig mal richtig an. Heute stiehlt ER uns wenigstens nicht die Schau.“ Und die marmorbleiche Esmeralda mit der Ziege auf dem Boden vor dem Bild zwinkerte ihm zu und raunte: „Heute bitte eine Rose für die Dame. Schenk sie mir, denn ER ist fort.“

Wilhelm griff sich an den Kopf, rang nach Atem. Er schloss die Augen und öffnete sie wieder, hatte Angst, den Verstand zu verlieren. Die Rose fiel ihm aus der Hand. Was geschah da mit ihm? Halluzinierte er? Er blinzelte und rieb sich die Augen. Blinzelte noch einmal, drehte sich wie in Trance um, schaute zurück zur Tür und wieder auf die Wand vor ihm, als könne er es nicht glauben. Dieser brennende Schmerz. Er riss sich zusammen, wankte zur Tür und weiter hinaus bis ins Treppenhaus. Ihm war schwindlig und übel. Er öffnete den Mund, wollte um Hilfe rufen. Doch bevor er dazu kam, stolperte er und verlor das Gleichgewicht. Sein Schlüsselbund fiel klirrend auf den Boden. Die Sinne schwanden ihm, so dass er nicht mehr spürte, wie er fiel.

In dem kleinen Atelierraum im Osthafen der Stadt hatte die ganze Nacht das Licht gebrannt. Der Raum hatte Max stets als Rückzugsort gedient, wenn er ungestört arbeiten oder auch einfach für sich sein wollte. Gelegentlich hatte er auch die eine oder andere seiner Musen hierhergebracht, die sich darum rissen, ihm als Modell und auch sonst zu gefallen. Er war ein attraktiver junger Mann, Künstler obendrein, das zog die Mädels an.

Die Einrichtung bestand aus einem zerkratzten großen Arbeitstisch, auf dem die verschiedensten Materialien, ein paar Behälter mit Terpentin und anderen Chemikalien und eine Reihe von Werkzeugen wild durcheinanderlagen, außerdem aus einer Staffelei, einem alten zerschlissenen grasgrünen Ledersofa, einem Kühlschrank und einem Regal, auf dem eine Kaffeemaschine stand. Neben der Tür ein Waschbecken mit einem tropfenden Wasserhahn. In einer Ecke lehnten kleine und größere Bilderrahmen.

Er war schon eine ganze Weile nicht mehr im Atelier gewesen, genau genommen seit er seine Zwischenprüfung versäumt und danach kaum noch gearbeitet hatte. Das halbfertige Ölbild in der Ecke neben dem Fenster, auf dessen rotglühendem Zentrum inzwischen ein hässlicher Schmutzfleck prangte, legte davon Zeugnis ab. Jedenfalls bis gestern Morgen, als er hierhergekommen war, um aufzuräumen und alles vorzubereiten. Da hatte er die rote Farborgie mitsamt dem Fleck einfach zur Wand gedreht, seine mitgebrachten Utensilien auf dem großen Tisch ausgebreitet – Farben, Pinsel, Spachtel, Leim und große Mengen Wellpappe – und danach noch zwei schwere Säcke mit Gips aus dem Materialkeller heraufgeschleppt. Er hatte gelüftet, den Müll in den Container auf dem Hof gebracht und die Quarzlampe repariert, die er einem der Restauratoren abgeschwatzt hatte. Sogar eine Flasche Champagner hatte Max zur Feier des Tages gekauft und kaltgestellt, denn er wollte mit Johann auf seinen Geburtstag anstoßen.

Hierher, in sein sogenanntes „Osthafenrefugium“, wie Max es immer nannte, hatte er in der Nacht seinen Dichterfreund gebracht. Nachdem sie das schützende Gebäude am Museumsufer verlassen und auf der Alten Brücke den Main vorbei am Portikus überquert hatten, war Johann plötzlich stehen geblieben und hatte erklärt, keinen Schritt mehr weitergehen zu wollen. Er war das Laufen nicht gewöhnt, sein rechter Schuh drückte entsetzlich, und seine Hüfte schmerzte. Außerdem irritierten ihn die Lichter und Umrisse der Frankfurter Hochhäuser, die sich im Main spiegelten, über alle Maßen, obwohl Max ihn vorsorglich darauf vorbereitet hatte.

„Wie weit ist es denn noch, Max?“, hatte Johann schließlich kleinlaut gefragt. „Ich kann nicht mehr. Und Durst habe ich auch.“

Am liebsten wäre er zurück auf seine steinerne Bank in der Campagna gekrochen, aber das ging jetzt nicht mehr. Wer A sagt, muss auch B sagen, hatte Max gemeint und den müden Wanderer nach einer kurzen Rast am jenseitigen Flussufer einfach hochgehoben und ihn den Rest des Weges getragen.

Als sie endlich im Osthafen angekommen waren, hatte Johann total erschöpft seinen Hut auf den Garderobenhaken neben der Tür gehängt, die Schuhe und seinen Mantel ausgezogen und begonnen, seinen rechten Fuß zu massieren. Und noch ehe Max die Champagnerflasche aus dem Kühlschrank holen konnte, war der Freund auf dem grünen Sofa eingeschlafen.

Aber Max war viel zu aufgeregt, um zu schlafen. Er brannte darauf, endlich mit der Arbeit zu beginnen, umrundete den Schlafenden und betrachtete ihn von allen Seiten aus nächster Nähe sehr gründlich und konzentriert. Diese Gelegenheit würde sich ihm so schnell nicht wieder bieten. Er begann zu zeichnen und Seite um Seite seines Skizzenblocks zu füllen, zuerst langsam, dann immer hastiger, als hätte er Angst, dass Johann aufwachen und seine Haltung verändern würde, bevor er seine Arbeit beendet hatte.

Draußen wurde es bereits hell, als er endlich seinen Stift aufatmend beiseitelegte und sich erhob. Geschafft. Für alles, was jetzt zu tun war, brauchte er kein Modell mehr. Er schloss seine Augen und spürte das Kribbeln bis in die Fingerspitzen, war todmüde und hellwach zugleich.

Eine Pause und frische Luft würden ihm guttun. So lange Johann noch schlief, konnte er die Zeit nutzen und schnell zurück ins Städel-Museum flitzen. Wie jedermann dort wusste er natürlich, dass heute nicht nur Johanns, sondern auch Goethe-Willis Geburtstag war. Er hatte sich deshalb vorgenommen, ihm an diesem Tag als Dankeschön für seine unermüdliche Hilfsbereitschaft eine seiner Farbstudien zu schenken, die den Dichter auf seiner Bank in der Campagna mit korrektem Schuhwerk zeigten. Ein kleines Aquarell, das er erst kürzlich angefertigt hatte.

Er mochte den alten Museumsdiener, der ihm schon so oft gefällig gewesen war. Wilhelm wusste immer, wann gerade ein Arbeitsraum im Südflügel kurzfristig frei war, in den man sich zwischen den Seminaren und Vorlesungen zurückziehen konnte, oder wo Max schnell Papier zum Zeichnen und Malen herbekam, wenn er wieder mal vergessen hatte, neues zu besorgen. Er wusste auch als Einziger ganz genau, wie lange sich abends die Putzkolonne in den Räumen im ersten Stock aufhielt, wo sie zusammen später noch eine Weile einträchtig ihr Lieblingsbild betrachteten und Wilhelm oft ganze Passagen aus des Meisters Italienischer Reise zitierte, während Max zeichnete.

Nach den Ereignissen des letzten Abends und der Nacht hätte er das Aquarell jetzt beinahe vergessen. Das kleine Bild lag noch ungerahmt auf dem Arbeitstisch, wo er es gestern Nachmittag nach dem Fixieren zum Trocknen hingelegt hatte. Schnell machte er sich ans Werk, suchte einen passenden Rahmen heraus, fügte das Bild ein und verpackte es. Er bemühte sich, keinen Lärm zu machen, um Johann nicht zu wecken.

Max sah auf die Uhr. Er musste sich beeilen, wenn er Wilhelm noch vor seinem morgendlichen Kontrollgang erwischen und anschließend rechtzeitig wieder hier sein wollte, um mit Johann zu frühstücken. Danach würde er dann endlich sein schöpferisches Werk beginnen. Niemand sollte sich in Zukunft mehr über die Beine oder das Schuhwerk des Dichters lustig machen. Da war es wieder, das Kribbeln in seinen Fingerspitzen …

Es war kurz vor acht Uhr, als Max das Museumsufer wieder erreicht hatte und aus der Ferne die Menschentraube sah, die sich vor dem offenen Eingangstor zum Städelmuseum gebildet hatte. Er erschrak, als er den Krankenwagen sah, der den Zugang zum Gebäude versperrte. Was war passiert? Er hastete zum Westeingang und durch den Vorgarten am Zaun entlang wieder nach vorne zur Außentreppe und weiter nach oben. Der Wachdienst kannte ihn, und auch sonst hielt ihn niemand auf, da aller Augen auf die Trage mit Wilhelm gerichtet waren, die die Sanitäter gerade aus dem Haus trugen, begleitet von einem Notarzt, der ein transportables Sauerstoffgerät in den Händen hielt, an das der Kranke angeschlossen war.

Max´ Gedanken überschlugen sich. Sein Blick wanderte durch den Eingang über die Treppe nach oben bis zu der geöffneten Flügeltür. Er erfasste sofort, was geschehen war. Er war zu spät gekommen. Wilhelm musste sich zu Tode erschreckt haben, als er die leere Bank auf dem Gemälde bemerkt hatte. Wahrscheinlich hatte er an seinem Verstand gezweifelt. Max´ Gewissen meldete sich. Andererseits ging es jetzt um seine eigene Haut. Was sollte er tun? Er schaute noch einmal nach oben. Seitlich neben der großen Tür lag etwas, das dort nicht hingehörte. Er sah sich vorsichtig um. Im allgemeinen Durcheinander achtete niemand auf ihn, als er mit ein paar schnellen Sätzen die Treppe emporlief, sich Wilhelms Schlüsselbund griff und leise die große Tür zum Ausstellungssaal schloss und sie absperrte, bevor er die Stufen langsam und betont unauffällig wieder hinabstieg. Die Schlüssel nahm er erst einmal mit.

Unten atmete er auf. Niemand hatte etwas bemerkt. Er hatte einen Tag Zeit gewonnen. Das Museum würde morgen wie immer um zehn Uhr öffnen, und vorher würde sich niemand mehr um die Ausstellungsräume im ersten Stock kümmern. Bis dahin würde der Dichter längst wieder auf seinem steinernen Sitzplatz in der Campagna posieren. Aber auf dem Weg zurück ins Ostend plagte Max das Gewissen, und er fühlte sich miserabel. Er hätte Wilhelm vorher in seinen Plan einweihen müssen, dann wäre das alles nicht passiert.

Inzwischen war es Tag geworden, die Straßen hatten sich bevölkert, und Autos schoben sich wie jeden Morgen Stoßstange an Stoßstange über die Mainbrücken in Richtung Innenstadt. Die Sonne schien, und es versprach ein herrlicher Hochsommertag zu werden. Kaiserwetter – oder besser gesagt und dem Anlass entsprechend – Geburtstagswetter.

Als Max das Ateliergebäude im Osthafen erreichte, schaute er auf die Uhr. Es war später geworden als er gedacht hatte, und er beeilte sich, in den zweiten Stock zu kommen, wo sich sein Atelier befand. Als er sich der Tür näherte, bemerkte er, dass sie einen Spalt offenstand. Hastig öffnete er sie ganz und trat ein. Das grüne Sofa war leer, und Johanns heller Umhang lag unordentlich auf dem Boden. Von ihm selbst war jedoch weit und breit nichts zu sehen. Verdammt, was war passiert? Max sah sich um. Sein Blick fiel auf die Staffelei. Ein Blatt Papier war darauf festgepinnt. Darauf las er:

Heut´ ist mir alles herrlich; wenn´s nur bliebe.
Ich sehe heut´ durchs Augenglas der Liebe.

DEIN GRÜNER DIWAN HAT MICH INSPIRIERT.
SUCH MICH IM HÜHNERWEG 74

Alter Schwerenöter, dachte Max und grinste in sich hinein. Die Katze lässt das Mausen nicht. Marianne von Willemer also. Er hätte es wissen müssen, schließlich gab es genug Literatur über Johann und seine Frauen. Wie gut, dass er die ganze Nacht durchgearbeitet hatte und jetzt kein Modell mehr brauchte. Johann ging es offenbar heute Morgen viel besser. Aber er hätte wenigstens auf ihn warten können.

Max verließ das Atelier wieder, schloss die Tür sorgfältig hinter sich ab und machte sich eilig auf den Weg nach Sachsenhausen zum Haus der Willemers im Hühnerweg. Das Hausmädchen, das ihm öffnete, teilte ihm mit, dass Charlotte Willemer, die jetzige Besitzerin des Anwesens, mit einem unbekannten Herrn in die Stadt gefahren sei. Später wollten sie wohl zur Gerbermühle, um dort zu Mittag zu essen. Der Herr habe gemeint, falls ein junger Mensch nach ihm fragen würde, solle sie ausrichten, dass es ihm gut ginge und er keine Schmerzen mehr habe. Und dass er pünktlich um Mitternacht wieder zu Hause am Museumsufer sei. Der junge Mann solle sich keine Sorgen machen, seine Begleiterin arbeite im Städel-Archiv und sei daher mit den Örtlichkeiten des Museums bestens vertraut. Sie würde ihren Gast mit dem Auto direkt dorthin bringen und am Haupteingang mit ihm zusammen auf Max warten.

Auch gut, dachte Max, dann würde er eben direkt zurück ins Atelier fahren und an die Arbeit gehen. Skizzen hatte er ja jetzt genug. Er verabschiedete sich und kehrte wieder um. Zurück im Osthafen ging er sofort mit Feuereifer ans Werk und vergaß darüber Raum und Zeit.

Vor der Gerbermühle herrschte reges Treiben. Gäste kamen und gingen, auf dem Parkplatz gab es nur noch wenige freie Parklücken. Aus einem Kleinbus mit Hotelaufschrift kletterten gerade fünf Asiaten, die offenbar geradewegs vom Flughafen kamen. An den zahlreichen Gepäckstücken, die ein Hoteldiener aus dem Fahrzeug geladen hatte, hingen noch die Fluggepäckanhänger. Laut schnatternd und gestikulierend verschwand die Gruppe im Inneren des Hauses.

In diesem Augenblick fuhr ein schneeweißer Volvo schwungvoll in eine der letzten Parklücken, aus dem eine zierliche blonde junge Frau stieg. Sie ging um das Auto herum, öffnete die Beifahrertür und half ihrem Begleiter, allem Anschein nach ein älterer Herr, aus dem Wagen. Der Mann machte einen unsicheren Eindruck. Er schaute auf das Gebäude vor sich und wieder zurück auf das Auto, in dem er gerade noch gesessen hatte, und schüttelte immer wieder den Kopf. Charlotte Willemer lachte und griff ihn beim Arm.

„Ich habe dich gewarnt, Johann, du wirst die Stadt und auch das Haus hier nicht wiedererkennen. Ja, so eine Zeitreise ist anstrengend. Auch in einem modernen Auto." Sie kicherte. „Lass uns erstmal hineingehen. Drinnen ist es angenehm kühl. Oder möchtest du lieber draußen sitzen?"

„Ja, gerne, ich möchte unbedingt beim Essen auf den Fluss sehen. So wie damals …"

Er brach ab und biss sich auf die Lippen. Dann nahm er seinen Hut ab und lächelte sie an. Das Lächeln veränderte sein Gesicht. Jetzt sah man, dass er deutlich jünger war als es zuerst den Anschein gehabt hatte. Die altmodische Kleidung und sein gemessener Gang ließen ihn älter erscheinen, zumal der große Schlapphut vorher das halbe Gesicht verdeckt hatte. Während sie in Richtung Garten gingen, wanderte sein Blick an der Fassade entlang und blieb auf einer kleinen unauffälligen Gedenktafel hängen. Darauf stand:

Die Mühle ruht, das Rad schlief ein,
Sein Name nur geht in dem Haus.
Der jede Stätte ewigte,
Die er betrat: So wardst du sein.

Plötzlich strahlte er über das ganze Gesicht. Seine Unsicherheit war verschwunden. Stolz richtete er sich auf, nahm Charlottes Arm und ging aufrecht mit festen

Schritten neben ihr her in den Biergarten. Hier kam er, Johann Wolfgang Goethe, *der jede Stätte ewigte*. Und heute war sein Geburtstag, den er vor rund zweihundert Jahren schon einmal an diesem Ort gefeiert hatte, auch wenn der damals noch ganz anders ausgesehen hatte. Man erinnerte sich hier an ihn. Nur das zählte. Damals hieß seine Begleiterin Marianne von Willemer. Johann sah Charlotte an. Es war, als hätte jemand die Uhr zurückgedreht. Die Zeit spielte plötzlich keine Rolle mehr.

Sie fanden einen geschützten Tisch im Schatten und bestellten sein Lieblingsgericht, das schon die Mutter ihm früher oft zubereitet hatte: Frankfurter Grüne Sauce, dazu Eier und Pellkartoffeln. Johann wünschte sich, dass dieser Tag nie enden würde. Leise nahm er ihre Hand und begann sie zu streicheln, doch sie zog sie sanft zurück und griff nach ihrem Glas. Da kam ihm einer seiner Verse in den Sinn, und wieder lächelte er:

Nirgends kann ich sie vergessen;
Und doch kann ich ruhig essen,
Heiter ist mein Geist und frei.

Gegen Abend waren sie noch einmal über den sogenannten „Eisernen Steg“ ins Stadtzentrum gelaufen. Diese Brücke hatte es vor zweihundert Jahren noch nicht gegeben, aber praktisch war sie, das musste er zugeben. Man kam von dort trockenen Fußes direkt ins Stadtzentrum. Zuerst zum Römer und dann in die Altstadt, an die er sich zu seinem Erstaunen noch gut erinnerte. Vieles war so wie damals, als der Sechsjährige zu Besuch bei seiner Tante gewesen war, die im Melberhaus am Hühnermarkt gewohnt hatte. Ein paar Leute standen dort herum und fotografierten. Das gefiel Johann. Anderes dagegen erschien ihm neu und fremd. Seltsam, dass vor einigen Häusern hohe Gerüste und Leitern standen und der Königsweg durch ein großes Gitter versperrt war, so dass sie wieder umkehren mussten. Was war das früher hier immer für ein Gedränge gewesen, wo jetzt nur ein paar Männer mit merkwürdigen Helmen und schmutzigen Kleidern geschäftig herumliefen. Das hatte es zu seiner Zeit nicht gegeben. Er wunderte sich auch, dass die meisten Häuser in frischen Farben strahlten, obwohl viele von ihnen schon in seiner Kindheit dort gestanden hatten.

Danach wollte er unbedingt noch in den Großen Hirschgraben zu seinem Elternhaus und war sehr enttäuscht, als sie es verschlossen fanden.

„Montag", hatte Charlotte lakonisch gemeint, „es ist doch Montag heute."

Ach so, sie hatten inzwischen ein Museum daraus gemacht. Und alles wegen ihm...

Die riesigen Hochhäuser im „Bankenviertel", wie Charlotte diese Gegend nannte, der Lärm der Autos in den Straßen und die vielen Menschen dagegen ängstigten ihn. Mitten auf der Hauptwache hatte er plötzlich genug gehabt von all dem Trubel um ihn herum. Außerdem meldeten sich seine Füße wieder und schmerzten vom vielen Laufen. Wenigstens hatte ihm die Stadt ein

Denkmal errichtet und einen Platz nach ihm benannt. Das machte ihn sehr stolz. Trotzdem sehnte er sich auf einmal nach seiner beschaulichen Steinbank in der Campagna zurück und war froh, als Charlotte ihn endlich über den Fluss zu seinem Städel zurückbrachte, wo Max bereits auf ihn wartete.

Am Dienstagmorgen schaltete der stellvertretende Leiter des Wachpersonals Oskar Kellermann im Städel-Museum morgens um kurz vor acht die Zentralbeleuchtung ein und machte sich auf den vorgeschriebenen Kontrollgang durch die Ausstellungsräume, um zu prüfen, ob die Klimatisierung stimmte und die Alarmanlagen in den einzelnen Räumen ordnungsgemäß aktiviert waren. Er stieg die breite Marmortreppe zum ersten Stock empor, zog den Generalschlüssel hervor und öffnete die mächtige Flügeltür zum ersten Ausstellungssaal. Es hatte am Vortag große Aufregung gegeben, weil der Schlüsselbund von Wilhelm verschwunden war, aber darum konnte er sich später kümmern.

Er schaute sich um und konnte nichts Ungewöhnliches feststellen. Bis auf eine verwelkte weiße Rose, die zwischen den beiden Füßen der marmorbleichen Esmeralda-Skulptur lag und auf den ersten Blick nicht auffiel. Er würde mit den Putzleuten reden müssen, so etwas konnte man nicht durchgehen lassen. Als Kellermann sich jedoch bückte, um die Blüte zu entfernen, sah er zwischen den Blättern etwas Glänzendes liegen. Er bückte sich und hielt den Schlüsselbund seines Kollegen Wilhelm in der Hand. Nanu, wie kommt der denn hierher, dachte er erstaunt. Da musste es den armen Kerl wohl gestern doch schon hier drinnen erwischt haben. Vermutlich hatte er den nahenden Schwächeanfall gespürt, war in Panik geraten und wollte Hilfe holen. Sicher waren ihm die Schlüssel aus der Hand geglitten, bevor er sich aus dem Saal geschleppt hatte und im Treppenhaus zusammengebrochen war.

Aber wieso war dann die Flügeltür vorhin verschlossen gewesen? Egal, dachte Kellermann, und weil er jetzt zusätzlich zu seinen eigenen auch noch die Routineaufgaben des kranken Wilhelm übernehmen musste und es daher besonders eilig hatte, nahm er die Schlüssel erst einmal an sich und setzte seinen Weg fort. Hauptsache der Schüsselbund war wieder da. Das ersparte ihm eine Menge Ärger. Alles andere hatte Zeit.

Johann, der den Wachmann die ganze Zeit beobachtet hatte, atmete auf. Das war gerade noch einmal gut gegangen. Er lehnte sich behaglich zurück, zupfte seinen Umhang zurecht und blickte auf die vertraute Landschaft der Campagna hinter sich. Er fühlte sich prächtig. Seine Gedanken waren immer noch bei Charlotte und dem gestrigen Tag. Das Zusammensein mit ihr war alle Mühen wert gewesen, und mit ihr an seiner Seite hatte er wieder eine unbändige Lebenslust verspürt.

Johann atmete noch einmal tief durch und lächelte in sich hinein. Ein liebes Ding war sie, ganz so wie damals die Marianne. Und so herrlich jung. Nur er war inzwischen rund zweihundert Jahre älter. Leider. Aber er würde sie bestimmt bald wiedersehen, das hatte sie ihm fest versprochen. Spätestens am nächsten Montag, wenn sie wieder frei hatte und das Museum geschlossen war. Nachdenklich schaute er auf das efeuumrankte marmorne Relief neben sich, von dem Iphigenie ihm zulächelte, und murmelte leise vor sich hin:

So sollst du, muntrer Greis, dich nicht betrüben,
sind gleich die Haare weiß. Doch wirst du lieben.

Kurze Zeit später bestand Max die Zwischenprüfung. Seine Prüfungsarbeit, die abstrakte Farbstudie in Rot, wird wohl seine einzige moderne Arbeit bleiben, denn im folgenden Semester wechselte er nach Absprache mit seiner Professorin die Klasse und besuchte danach Seminare und Kurse für Bildende Kunst und Reproduzierende Malerei. Er gehörte dort zu den Besten seines Jahrgangs.

Seine Abschlussarbeit, eine lebensgroße Gipsreproduktion des berühmten Tischbein-Gemäldes „Goethe in der römischen Campagna" erregte großes Aufsehen in der Absolventenausstellung seines Jahrgangs im Museum für Moderne Kunst und bescherte später dem jungen Künstler auch internationale Aufmerksamkeit und Anerkennung. Die verdankt er nicht zuletzt dem heutigen Standort seines Werkes im Transitbereich des Frankfurter Flughafens. Der Dichterfürst sitzt dort erhöht auf seiner Bank im Mittelpunkt der nach allen Seiten offenen ‚Goethe Bar' und betrachtet mit mildem

Blick das internationale Treiben um sich herum. Er wird von Reisenden aus aller Welt bestaunt und fotografiert, die anschließend seinen und Max' Ruhm in Form von unzähligen Fotos in ihre Heimat tragen. Seither kann sich Max vor Aufträgen kaum retten.

Dem aufmerksamen Betrachter fällt auf, dass die Reproduktion einen kleinen, aber entscheidenden Unterschied zum Original aufweist: Sie zeigt den Dichter mit zwei gesunden Füßen, die jeweils in einem linken und einem rechten Schuh stecken.

Der alte Museumswärter Wilhelm wurde bald nach seiner Genesung in den Ruhestand versetzt, dreht aber immer noch regelmäßig seine Runden durch die Ausstellungsräume „seines" Städels und freut sich, wenn er manchmal im ersten Stock auf Charlotte und Max trifft, die Johann dort oft besuchen, bevor sie abends zusammen nach Hause ins Willemer Haus fahren.

(9)

Päusje am Wasserhäusje

von

Wolfgang Ullrich

9

Frankfurt Sachsenhausen am frühen Morgen. Es ist kalt und dunstig. Wie lange wird es dauern, bis die Sonne durchkommt? Die ersten Fußgänger tauchen auf. Sie laufen zielstrebig über die Straße zur Bushaltestelle. Andere wollen zur U-Bahn. Alle haben offenbar ein Ziel. Langsam nimmt der Betrieb zu in der Holbeinstraße. Da sind schon einige, die direkt auf das Wasserhäuschen zusteuern, an dem es bereits ab sechs Uhr morgens frische Brötchen gibt. Für die Stammkunden das Schönste, womit der Tag beginnen kann.

Auch Salman ist schon da. Er weiß genau, wer die frühen Kunden sind und was sie wollen. Er ist als Erster nach draußen geeilt, um seinen Kiosk aufzuschließen. Vor der Tür liegen noch die Zeitungen. Er holt sie rein und öffnet die Pakete. Zuerst die türkischen Zeitungen. Wahrscheinlich wird es wieder mit der Hürriyet losgehen, gefolgt von der BILD-Zeitung.

Ich wohne in Sachsenhausen in der Nähe des Wasserhäuschens, an dem ich mich mit der Tageszeitung und mit Tabakwaren versorge. Manchmal trinke ich auch einen Underberg, wenn mir danach ist. Mein Berufsleben liegt hinter mir. Ich verreise kaum noch. Nicht mehr beruflich in die Länder der Dritten Welt, um nach Projekten zu sehen, die mehr oder weniger schlecht laufen.

Auch keine private Fernreise mehr, um noch dieses oder jenes unbekannte Land kennenzulernen, so wie es meine Freunde tun. Meine Welt liegt jetzt im Umkreis des Wasserhäuschens. Meine Geschäfte erledige ich meist zu Fuß. Manchmal fahre ich mit dem Rad in die Umgebung, zum Beispiel zum Orange Beach, um meinen Freund zu treffen.

Als ich an diesem Morgen am Wasserhäuschen ankomme, ist schon reichlich Betrieb. Max und Erhard sind bereits da, die Lessing-Brüder und ein Unbekannter. Es wird heftig diskutiert, denn Fußball ist das aktuelle Thema. An meinem Wasserhäuschen heißt das: Wie hat die Frankfurter Eintracht gespielt und wie war ihr Gegner?

„Was hammer die nass gemacht, die Spätzlefresser. Wollte uns den Siech net gönne."

„Ja, mit unserm Franzos. Der hats in der letzten Minute gemacht mit seinem Fallrückzieher."

„Ach was, mit nem Seitfallrückzieher. Haste net uffgepasst. Unsern Alleer, der hat sich neigebückt und hat dann beim Schuss horizontal in de Luft geleesche."

„Klar, des mäscht unsern Trainer ganz gut. Der weiß, wen er uffstellt. Solln ja schon 17 verschiedene Nationen im Kader sein. Und wenn der Meier net kann und der Russ net fit iss, da kemmt ebe unser gemischtes Team uff de Platz, was vollkommen international iss."

Über Fußball wird eigentlich immer geredet, aber unmittelbar nach den Heimspielen der Eintracht geht es bis ins Detail. Jede kleinste Szene wird durchgehechelt und meist lautstark und kontrovers diskutiert. Den Leuten am Wasserhäuschen macht das Spaß. Das muss einfach sein. Es ist wie ein Ritual, immer gleich und doch verschieden. Je nach Ergebnis, aber auch je nach Lust, Laune, Jahreszeit, persönlichem Befinden und so weiter. Es ist das weite Feld des Lebens einfacher Leute.

Samstags nach dem Spiel der Eintracht, da haben die Fans das Wort. Manchmal mache ich mit, aber heute muss ich Salman sehen, den Pächter meines Wasserhäuschens. Er ist immer freundlich und gutgelaunt. Nichts Aufgesetztes oder Gestelztes, immer natürlich. Wirklich ein guter Charakter. Ich muss ihm heute mal zuhören, darum hat er mich gebeten. Er wollte sich Zeit nehmen und mir seine Lebensgeschichte erzählen. Das war jedenfalls seine Absicht. Er kommt aber nicht weit. Schon nach kurzer Zeit wird er gerufen, weil irgendjemand irgendetwas braucht. Das Geschäft geht natürlich vor. Überhaupt ist das Geschäft die Nummer 1 in seinem Leben.

Erst sehr viel später kommt er aus seinem Büdchen heraus und stellt sich zu mir.

„Du weißt, ich bin Türke und ich werde immer Türke bleiben. Aber ich bin auch Alevit. Musste weg, weil man uns Aleviten in der Türkei nicht mag. Nichts als Schikane, was soll ich sagen, Unterdrückung!“

Salman macht eine Pause, blickt in den Himmel und rollt die Augen:

„Ich kam damals mit meiner Frau hierher, nach Frankfurt. Wir wollten Kinder haben und wollten sie in unserem Glauben erziehen. In Freiheit. Ich hatte es satt, mich immer ducken und verstecken zu müssen."

Sein Gesicht glättet sich allmählich:

„Die ersten Jahre danach waren schwer für mich und meine Frau. Ich habe so manches Mal an meine Heimat gedacht und bin öfter nach Hause gefahren. Das gab sich dann. Jetzt bin ich in Frankfurt zu Hause. Hier lebe ich mit meiner Familie von dem, was mir das Wasserhäuschen einbringt. Abgesehen von der Pacht, die niedriger sein könnte, bin ich zufrieden."

Das war also Salmans Start in ein neues Leben, sein Aufbruch in ein unbekanntes Land, dessen Sprache er nicht sprach. Er war den Gastarbeitern gefolgt und hatte Glück gehabt. Ich sagte es ihm: „Du bist jetzt hier angekommen, bist hier zuhause und sprichst heute ein gutes Deutsch."

Salman genießt seine Freiheit als Kleinunternehmer. Er hat die Artikel, die er in seinem Büdchen verkauft, genau auf seine Kundschaft abgestimmt. Sein heutiges Sortiment ist das Ergebnis jahrelanger Anpassung. Zunächst waren es hauptsächlich nur Zeitungen und kalte Getränke, die es bei ihm gab. Die Kundschaft kaufte und verschwand wieder. Bis er merkte, dass er auch Kaffee anbieten und ausschenken sollte. Er kaufte sich eine kleine Espresso-Maschine und stellte einen Bistro-Tisch auf. Jetzt stehen sie um seinen Tisch herum, bleiben länger und reden. Salman weiß, dass er damit andere anzieht, die ins Gespräch kommen wollen.

Im Grunde besteht seine Kundschaft heute aus zwei

Hälften. Es gibt die schnellen Käufer, die am liebsten unbeobachtet das eine oder andere besorgen. Manche sind so unbeholfen, dass sie ohne ein Wort zu sagen mit dem Finger auf das zeigen, was sie wollen. Und es gibt die anderen, diejenigen mit Gesprächsbedarf, die länger bleiben. Die kaufen erst einmal irgendetwas, öffnen umständlich die Verpackung, bedanken sich für die Hilfe, wenn man ihnen den Papierkorb zeigt und fangen dann an zu reden.

Das Wasserhäuschen liegt in einer Wohngegend, in der es kaum Geschäfte gibt, nur eine Gaststätte, aber keine Einrichtung, in der man sich mal treffen kann, nicht einmal eine Kirche. Wer daheim Schwierigkeiten hat sich auszusprechen, bleibt auf seinen Sorgen sitzen. Da hilft manchmal die Entscheidung, eine Besorgung zu machen. Erst einmal draußen, ist es nicht weit bis zum Wasserhäuschen. Was war es noch mal, was ich besorgen wollte? Egal, vielleicht trifft man jemanden, mit dem man sprechen kann und der zuhört.

Hans Schneider gehört zur zweiten Gruppe. Ich erinnere mich, wie er uns Männern, die sich gerade ihr erstes Bier am Büdchen genehmigt hatten, eines Abends ohne Umschweife seine Geschichte erzählte:

„Seit ich pensioniert bin, habe ich täglich Streit mit meiner Frau, mal mehr, mal weniger. Das fängt schon beim Frühstück an. Das Ei ist nicht weich genug, der Kaffee zu schwach und die Brötchen zu alt und zu hart. Ich bemühe mich jeden Morgen still zu sein, um Gottes willen nichts zu kommentieren, aber irgendwann reicht es mir. Ich muss dann raus, muss mit jemandem reden. Nicht über den Kaffee und die alten Brötchen. Aber die sind nur Teil des Problems und der Blockade, die sich langsam zwischen mir und meiner Frau aufgebaut hat."

Er muss einfach mal über seinen Sohn reden, der noch immer nicht verheiratet ist und über die Gerüchte, die er gehört hat. Heute gibt es mehrere Zuhörer. Außer mir sind die beiden Brüder da, die man immer hier antrifft. Der Franz und der Egon. Sie hatten ihn schon von weitem kommen sehen und ihn mit einem lauten „Hallo, ei guude, wie" begrüßt und dann die Frage gestellt: „Na, was haste denn heute?"

Hans Schneider schaut sich um und entspannt sich schnell. Er braucht am Wasserhäuschen keine große Einleitung, kein Drumherumreden. Sie sind alle seine Freunde, die sich um ihn kümmern.

Natürlich ist die Geschichte mit seinem Sohn, dem Frieder, etwas Besonderes. Etwas, das ihn schon seit langem belastet. Hans Schneider ist das anzusehen.

„Hört zu! Das muss absolut unter uns bleiben. Mein Sohn dreht sonst durch."

Dann erzählt er uns, welchen Verdacht er hat. Er rückt ein Stück näher, hält die Hand vor den Mund und flüstert. Mit seinem Sohn stimme etwas nicht, der bringe keine Freundin mit nach Haus.

Sofort hat er unsere volle Aufmerksamkeit. Wir hören zu, stellen Fragen, schütteln den Kopf und machen nachdenkliche Gesichter. Dann lässt sich Franz als Erster vernehmen:

„Hör mal Hans, dein Sohn ist doch noch nicht mal dreißig. Der muss sich noch die Hörner abstoßen. Weißt du eigentlich genau, was der den ganzen Tag lang macht? Der wird dir doch nicht alles erzählen."

Hans Schneider protestiert: „Das ist nicht so, wie ihr denkt. Wir haben ein gutes Verhältnis und früher hat er mir immer alles erzählt. Im Zweifel frage ich nach. Aber diesmal ist es anders. Mein Sohn mag das Thema nicht und weicht aus. Er will mir weismachen, dass er die Nase voll hat von seinen Freundinnen. Eine Enttäuschung nach der anderen. Es ist kaum zu glauben, aber ich habe von den Damen noch keine einzige gesehen."

Es geht an diesem Tag noch lange um die Frage, was eigentlich los ist mit seinem Sohn. Mit seiner Frau kann er nicht darüber sprechen. Die ist voreingenommen und fordert unentwegt eine Aussprache. Hans weiß, was dann passiert. Sie würde über Frieder herfallen und ihn fertig machen. Aber am meisten bedrückt ihn der Verdacht seines Nachbarn, der seinen Sohn angeblich mit einem Homosexuellen gesehen hat.

Es hatte nicht lang gedauert, bis wir uns angefreundet hatten. Hans Schneider und ich konnten uns gut unterhalten, von den Diva-Allüren der Eintracht bis hin zur missglückten Premiere des Woyzeck im Schauspiel. Jetzt treffen wir uns regelmäßig am Wasserhäuschen, um gemeinsam etwas zu unternehmen. Wir sprechen dann jedes Mal von unserem Aufbruch, egal ob wir ins Kino gehen oder zu einer Radtour aufbrechen.

Das Wasserhäuschen hat manchmal einen regelrechten Ansturm an Kundschaft. Das beginnt zum Beispiel mit einer Kundin, die eine Dose Ravioli will:

„Du weißt schon, Salman, als Notration fürs Wochenende.“

Salman hat so ein kleines Vergesser-Sortiment, wie es bei vielen Wasserhäuschen üblich ist. Ravioli gehören fast immer dazu. Aber mittlerweile lohnt es sich kaum noch. Seit die EDEKAs und REWEs abends bis 20 Uhr und noch länger aufhaben, geht die Nachfrage nach diesen Artikeln zurück. Begonnen hat es mit den großen Tankstellen, als die ihre Shops einrichteten. Salman sagt, er muss immer daran denken, wenn er Ankes Tanke beim HIT Radio FFH hört. Nur, wer keine Lust hat, abends nochmals mit dem Auto loszufahren, kommt zu ihm ans Wasserhäuschen.

Seine treuesten Kunden sind die Kinder aus der Nachbarschaft. Cola, ein Eis aus der Truhe und die gemischte Tüte. Die Tüte kostet noch immer wenige Cent, enthält Lakritze und verschiedene Fruchtgummis. Es gibt sie an fast jedem Büdchen. Die Kinder kommen zu allen Tageszeiten, ob vor der Schule oder auf dem Nachhauseweg. Für sie ist der Kiosk wie geschaffen. Auch mit dem kleinsten Taschengeld kann man noch einkaufen. Es ist einfach und man erfährt große Wertschätzung.

Ich habe mal den zehnjährigen Robert gefragt, als er zum Wasserhäuschen kam, was ihm dort besonders gefällt.

„Es geht einfach schnell, wenn ich mir etwas hole.

Außerdem gibt es die gemischte Tüte, die es sonst nirgendwo gibt.“

Er hat mir dann später noch erzählt, dass er sein Taschengeld auch sparen könnte. Aber wozu denn. Er kriegt so wenig, dass es unendlich lange dauern würde, bis er das Geld für eine größere Anschaffung, wie zum Beispiel ein Fahrrad oder ein Handy, zusammenhätte. Außerdem kommt doch der Opa jedes Jahr, der statt eines konkreten Geschenks ein paar Euroscheine mitbringt.

Salman liebt die Kinder. Ihr fröhliches Lachen und die Begeisterung, mit der sie das Wörtchen geil gebrauchen. Geil kann so vieles sein. Wenn sie es auf sein Warenangebot anwenden, weil sie Lust auf Süßes haben, dann weiß er, sie werden wiederkommen.

Salman verkauft den ganzen Tag belegte Brötchen, die auch bei den Studenten sehr beliebt sind. Heute war die Nachfrage so groß, dass sie schon am frühen Morgen aus sind. Salman braucht neue Brötchen, die es in dieser Qualität nur bei seinem Bäcker in der Schweizer Straße gibt, der noch immer seine alte Backstube betreibt. Er macht selber den Teig und backt im Backofen. Die Kunden wissen die Backwaren zu schätzen und Salman weiß, wie wertvoll diese Geschäftsbeziehung für ihn ist. Salman hatte mal einen schlauen Kunden, der Betriebswirt war und ihm lang und breit erklärt hat, dass es sich um ein „Alleinstellungsmerkmal“ handelt.

Natürlich hat Salman auch Bier und andere alkoholische Getränke und trinkt selbst gern mal etwas. Zur Kundschaft gehören auch Alkoholiker. Ich mag sie nicht, bin aber tolerant, trinke ja gern selbst mein Bier. Ich bewundere Salman, der ein gutes Händchen hat im Umgang mit den Vieltrinkern. Manchmal denke ich, wie gut, dass es ihn und das Wasserhäuschen gibt als Schutzraum für die Problemtrinker. Das wären sonst alles heimliche Trinker, auf die kaum einer Acht gibt.

Ecki war der Erste, den ich als Problemfall kennenlernte. Er war oft da, war schweigsam und trank für sich allein. Wenn ihn Salman ansprach und ihm sagte, dass es für heute genug sei, zückte er automatisch sein Portemonnaie und zahlte. Er wollte nicht auffallen und keine Schwierigkeiten machen. Ihm genügte es, ein Weilchen in Gesellschaft zu verbringen und still zuzuhören. Er war kränklich, antriebsschwach, und schon lange arbeitslos. Es fiel mir schwer, seiner traurigen Gestalt nachzublicken, ohne Gewissensbisse zu bekommen.

Salman kennt auch die Fälle, bei denen sich der Alkohol sehr negativ auswirkt. Eigentlich fängt es immer harmlos an. Das Bier macht die Zunge frei und das Gespräch wird flüssiger. Der Frankfurter kommt schnell auf die Politik zu sprechen, wobei es dann laut werden kann. Salman hat da so seine Erfahrungen gemacht. Einmal gab es eine Anzeige wegen Lärmbelästigung. Salman musste auf der Wache erscheinen, wurde eingehend befragt und in die Mangel genommen. Uns hat er dann erzählt, dass er sich wacker geschlagen habe und lediglich versprechen musste, künftig für einen ruhigen Betrieb zu sorgen.

Wenn jetzt eine Schlägerei droht, kommt er schnell aus seinem Büdchen heraus und baut sich vor den Trinkern auf, wobei er heftig mit den Armen rudert. Meist hilft das, zumindest für eine Weile. Vor ein paar Wochen hatte es nicht gereicht. Da waren er und seine Stammgäste überfallen worden.

Plötzlich hatte es einen Zulauf am Wasserhäuschen gegeben. Mehrere Fremde waren erschienen. Zunächst war alles locker und freundlich abgelaufen. Bis eine dumme Bemerkung einen Aufstand entfesselt hatte. Einer der Besucher hatte Salman beleidigt, hatte ihn Kümmeltürke genannt, euern verdammter Kümmeltürke. Salman hatte es zufällig gehört, als er herausgekommen war, um Nachschub zu bringen.

„Nicht für dich!", hatte er den Wortführer angebrüllt, war auf ihn losgestürzt und hatte ihn auf die Straße geschoben. Das wiederum hatte Widerstand bei dessen Kumpanen ausgelöst, die sofort auf Salman losgegangen waren. Eine wüste Rauferei begann, denn auch Salman wurde sofort von seinen Freunden unterstützt, deren Kampfgeschrei alles übertönte.

„Nieder mit ihnen!" Freund und Feind waren schnell ineinander verkeilt. Dann tauchte ein Streifenwagen auf, und die Beamten mischten sich ein. Salman nahmen sie mit. Der Vorfall sorgte noch wochenlang für Gespräch im Stadtviertel. Die Stammkundschaft war sich einig: Salman hatte sich Respekt verschafft. Aber Salman hatte auch eine saftige Strafe erhalten. Davon hatte er nur mir erzählt.

Eines Morgens rief ich einen fröhlichen Gruß durch das geöffnete Schiebefenster, aber es kam nichts zurück. Ich blieb verdutzt stehen und wartete. Es kam selten vor, dass Salman sein Wasserhäuschen verließ, ohne die Kundschaft zu unterrichten. Gewöhnlich schloss er ab und hängte sein Schildchen raus: Bin gleich zurück. Diesmal kam eine Stimme von hinten, eine jugendliche Stimme: „Moment bitte, komme gleich."

Sieh mal an, Salman hatte einen Vertreter, der sich sogleich vorstellte. „Mohammed. Ich bin der Neffe. Mein Onkel musste dringend nach Hause, nach Anatolien, ein Sterbefall."

Mohammed war freundlich und sprachgewandt, genauso wie sein Onkel. Er hatte nicht lange gebraucht, um sich einzuarbeiten. Die Zeitung kam wie immer schwungvoll durchs Fenster, und der Kaffee schmeckte genauso gut wie beim Onkel. Bis nach ein paar Tagen die gute Stimmung plötzlich abriss. Mohammed wurde schlagartig einsilbig und das Lächeln verschwand aus seinem Gesicht. Ich brauchte geraume Zeit, um ihm das Geheimnis zu entlocken. Genauer gesagt war es Hans Schneider, mein Freund, dem er sich anvertraute. Von ihm erfuhr ich, dass die Schläger von neulich wiedergekommen waren und ihm Schutz angeboten hatten. Sein Onkel, der Kümmeltürke, wäre angeblich zu dumm gewesen, um das zu verstehen. „Hat dein Onkel nicht gesehen, was aus der Schlägerei geworden ist? Jetzt hat er eine saftige Strafe an der Backe. Denk daran. Wir kommen wieder!“

Als Salman aus der Türkei zurückgekommen war, hatte ihn sein Neffe über den erneuten Besuch der Schläger informiert. Salman war gefasst. Er hatte schon lange damit gerechnet. Aber jetzt, nach dieser konkreten Drohung ging ihm die Sache doch ziemlich nahe. War es klug, weiter Widerstand zu leisten? War nicht erst vor einiger Zeit das Wasserhäuschen vom Orange Beach in Flammen aufgegangen?

Manchmal verlasse ich Sachsenhausen zusammen mit meinem Freund, um eine Radtour zu machen. Am liebsten fahren wir zu diesem Orange Beach, dem wohl originellsten der Frankfurter Wasserhäuschen, das für sich wirbt als das zweitschönste Versteck unter der Sonne, aber auch von anderen ausgezeichnet wurde, so im beliebten jährlichen Wettbewerb der Frankfurter Rundschau um das tollste Wasserhäuschen. Am Wasser gelegen, direkt am Main, unter einer Eisenbahnbrücke und nur über eine Brache erreichbar, die ein Industriegelände abschließt, ist es vom Betreiber Olaf Gries nach dem Brand wider Erwarten zu einer Idylle entwickelt worden. Er soll angeblich 40 Tonnen Sand angekarrt haben, um das Ufer des Mains zu einem strandähnlichen Gelände mit einer Strandbar werden zu lassen. Hier kannst du dich am Abend in einen Strandkorb setzen und dein Bierchen trinken. Du musst es dir selbst holen aus einem von sechs großen Kühlschränken und hast die Wahl unter 18 Biersorten. Vielleicht verschönt dir auch Live Musik von den Müden Rüden den Abend oder eine Chris

Cosmo Jam Session. Du kommst dann leicht ins Träumen und bist auf einmal statt am Wasserhäuschen in einem Wasserschlösschen …

Mein Freund Hans Schneider stammt aus Niederrad. Er hat ganz in der Nähe von Orange Beach einen Schrebergarten gepachtet, der direkt am Main liegt. Bei ihm wächst alles größer und schöner als anderswo. Besonders stolz ist er auf seine Trauben und den prächtigen Feigenbaum. Wenn ich ihm das sage, winkt er nur ab und verweist auf seine Krankheit, die ihm immer mehr zu schaffen macht. Eigentlich lässt sie ihm keine Ruhe, sondern spornt ihn an zu immer neuen Leistungen. Mal schreibt er kunstvolle Gedichte, mal schräge Erzählungen. Vor Jahren war es ein Kriminalroman über seine Tante Dora.

Wenn wir im Strandkorb vom Orange Beach gemeinsam über die Wasserhäuschen nachsinnen, die eins nach dem anderen verschwinden, macht uns die Entwicklung zunehmend traurig.

„Da hilft es doch gar nichts, dass heute die Stadt Frankfurt die Wasserhäuschen als Teil ihrer Stadtkultur sieht, dass wir Stadtführungen haben, um die Wasserhäuschen bekanntzumachen, dass die Rundschau Jahr für Jahr herausfinden will, welches das tollste Wasserhäuschen ist. Die Häuschen gehen den Bach runter."

„Du hast ja Recht, aber was nützt es. Wir wissen genau, woran es liegt. Wir zwei stehen dennoch zum Wasserhäuschen, schon aus Prinzip. Wir treffen uns jedenfalls weiter hier und genießen unser Bier."

„Ja, aber sei doch mal ehrlich: Halten wir zwei die Entwicklung damit auf? Bestimmt nicht!"

Trotzdem. Wir zwei wussten, was wir unserem Wasserhäuschen verdankten. Wir hatten uns hier kennengelernt, waren ins Gespräch gekommen und hatten uns seitdem viele Male getroffen und gemeinsame Ausflüge unternommen. Wir wussten jetzt, dass wir aus verschiedenen Gegenden der früheren Ostgebiete stammten, dass wir nicht den normalen Bildungsweg hinter uns hatten, sondern beide Abitur erst im Hessenkolleg gemacht hatten und dass wir beide etwa zur gleichen Zeit bei großen Dienstleistungsunternehmen in Eschborn tätig gewesen waren, und das beinahe in Tuchfühlung. Das hatte uns weiter zusammenrücken lassen.

Und dann hatte mein Freund die Idee gehabt:

„Komm, lass uns den Schwung mitnehmen vom Wasserhäuschen. Wir sind noch nicht zu alt. Wir beide schreiben gern. Wir wagen etwas Neues."

Wir belegten einen Schreibkurs und lernten, Kurzgeschichten zu schreiben. Mir half das damals spürbar. Eine meiner ersten Kurzgeschichten brachte mich über den frühen Tod meiner Frau hinweg. Ich liebe die Geschichte und nehme sie mir immer wieder vor. Auch mein Freund profitierte vom Schreiben. Er sagt, dass aus seiner Erkrankung besondere Impulse entstanden sind für seine Gedichte.

Unser Wasserhäuschen in Sachsenhausen ist rot, vorn abgerundet und hat eine lange Theke, die um das Häuschen herumläuft. Ich bin sicher, dass die Länge der Theke sich proportional verhält zur Bedeutung des Büdchens. Man kann die jeweilige Thekenlänge auf den 32 Spielkarten des Frankfurter Wasserhäuschen-Quartetts sehen, das man bei Salman kaufen kann. Sie sind genauso ein spezielles Merkmal für das Wasserhäuschen wie zum Beispiel die Anzahl der Fruchtgummivariationen, die mit 14 angegeben ist oder die Anzahl der Biersorten oder der Kinderspaßfaktor und andere charakteristische Merkmale.

Regelmäßig kommt jetzt Hubert Gloss, Stadtteilhistoriker und Gästeführer von den Frankfurter Stadtevents, mit seiner Wasserhäuschen-Tour vorbei. Wir müssen dann Platz machen für ihn und seine Besucher, die zusammen mit ihrem Führer schnell vom Kiosk Besitz ergreifen, sofort mit einer Runde Römer-Pils und Rindswürstchen von Gref-Völsings den kulinarischen Teil beginnen und dann Kaffee bestellen. Hubert erzählt ihnen, wer sich schon alles an diesem Büdchen aufgehalten hat, welche Zeitung berichtet hat und wie oft man versucht hat, hier einzubrechen. Ich habe einmal erlebt, wie Gloss mit einer Anzahl Jugendlicher aus Offenbach unterwegs war. Angesprochen auf die Gruppe wurde er fast traurig und erzählte mir: „Bloß weil diese Gruppe aus Offenbach kommt, muss es doch nicht heißen, dass keine Frankfurter mehr kommen. Noch immer gehören die Wasserhäuschen wie der Handkäs oder das Gerippte zum Bild der Stadt Frankfurt, auch wenn der Frankfurter selbst immer weniger Notiz von ihnen nimmt.“

Wenn der Gästeführer von den Frankfurter Stadtevents gut drauf ist, folgt dann, unnachahmlich von ihm vorgetragen, das Gedicht:

„Brauch unseraans emal e Päusje…“ von Hans-Wolfgang Wolff, dem wir auch weitere hessische Mundartgedichte verdanken, wie zum Beispiel in dem Buch ‚Von Affezäggus bis Zabbelfillibb‘.

Die kulinarische Wasserhäuschen-Tour ist ein Loblied auf die Trinkhallen als eine besonders bunte Einrichtung der Stadt. Es gleicht kein Büdchen dem anderen, egal, was man betrachtet, sei es die Bauweise, das Sortiment oder den Betreiber. Die Büdchenführer wissen das. Sie sind untereinander verlinkt über das Soziale Netzwerk Wasserhäuschen, aus dem sie Kraft beziehen. Es gibt außerdem zahlreiche Fans der Wasserhäuschen, unter ihnen auch Schriftsteller als *Bekennende Wasserhäuschen Fans*. Nicht zu vergessen die Gruppe um die Linie 11, von der man weiß, dass sie am liebsten als virtuelles Denkmal für die Frankfurter Wasserhäuschen gesehen werden will. Ins Internet haben sie eine mobile Wasserhäuschen-Karte gestellt.

Wenn es eine Abstimmung gäbe, ich wäre natürlich für den Erhalt der Wasserhäuschen. Aber ich habe auch Zweifel. Manchmal denke ich sogar, die Stunde der Wasserhäuschen hat geschlagen. Mein Freund will es nicht glauben, wenn ich wieder einmal damit anfange.

„Sieh mal, es gibt ja nicht nur die Konkurrenz von den Tankstellen und den Lebensmittelsortimentern, die sich an die Situation angepasst haben und vielleicht unbeabsichtigt zu Konkurrenten geworden sind. Da ist heute auch das Smartphone, das eine Rolle spielt.“

„Wie das? Wie soll ich das verstehen?“

„Ganz einfach. Wer früher an einer Haltestelle der Straßenbahn warten musste, in deren Nähe ein Wasserhäuschen lag, vertrieb sich gern mal die Zeit mit einer Zeitung oder einer Zeitschrift, die er am Büdchen kaufte. Wer weiß denn schon von den vielen Wasserhäuschen an der Linie 11, von denen es früher eines an fast jeder Haltestelle gab. Heute ist das anders. Heute hat fast jeder ein Smartphone, das er rausholt, wenn er irgendwo warten muss.“

Vielen Wasserhäuschen drohen neben der wirtschaftlichen Misere noch ganz andere Gefahren. Von Zeit zu Zeit geht der Feuerteufel um. Da sind schon mehrere Büdchen auf der Strecke geblieben. Auch Salman spricht oft von seiner Angst davor. Nicht immer gibt es einen Pächter wie dem vom Orange Beach, der nach dem Brand alles wieder aufgebaut und die Chance für einen ungewöhnlichen Neuanfang genutzt hat. Auch die Auflagen der Stadt sind nicht gerade förderlich. Was der Betreiber darf oder nicht darf, ist manchmal kaum noch zu verstehen.

Mein Freund bleibt optimistisch. Er setzt auf die Anpassungsfähigkeit der Wasserhäuschen-Pächter, die zum Überleben eine Lottoannahmestelle einrichten oder zusätzlich Pakete annehmen. Er zeigt mir immer wieder Beispiele auf, die deutlich machen, warum die Wasserhäuschen zur besonderen Frankfurter Kultur gehören, und vor allem, wer alles zur Riege der Wasserhäuschen-Unterstützer zählt, die unermüdlich schützend ihre Hand über diese Einrichtung halten.

Als wir eines Tages wieder mal am Wasserhäuschen standen und über ihre Zukunft sinnierten, näherte sich ein junges Paar. Zwei Männer, die auffielen, weil sie Hand in Hand gingen und einen ausgesprochen fröhlichen Eindruck machten. Ich erkannte einen von ihnen und rief laut: „Mohammed, da bist du ja wieder!"

Mein Freund Hans drehte sich um, erblickte die beiden und erstarrte. Er glaubte seinen Augen nicht zu trauen. An der Hand von Mohammed, dem Neffen unseres Büdchen-Pächters, sah er seinen Sohn, den Frieder. Die beiden jungen Männer näherten sich dem Büdchen.

Ich bemerkte, wie Hans an meiner Seite sich von den beiden abwandte, Geld auf die Theke legte und weggehen wollte, ohne seinen Sohn zu begrüßen. Im Aufbrechen raunte er mir zu: „War doch etwas dran an dem, was mein Nachbar erzählt hat."

Aber da geschah etwas Überraschendes. Salman kam aus seinem Büdchen heraus, umarmte erst Mohammed, begrüßte dann Frieder freundlich und sagte zu Hans:

„Ist das nicht schön, jetzt sind wir schon fast so was wie verwandt. Darauf geb ich allen einen aus!"

Es wurde ein langer und bierseliger Nachmittag an Salmans Wasserhäuschen.

Titelfotos

Titelfoto (7)

„Frankfurter Theater" mit freundlicher Genehmigung des Instituts für Stadtgeschichte, Signatur S7/FR 8.272, Kurt Weiner, Demonstration vor dem Kammerspiel gegen die Aufführung des Stücks von Rainer Werner Fassbinder „Der Müll, die Stadt und der Tod", 31.Oktober 1985

Titelfoto (8)

Goethe in der römischen Campagna 1787,

J.H. Wilhelm Tischbein, Öl auf Leinwand, Städelmuseum Frankfurt a.M..; Fotografie, Zuschnitt und Bearbeitung T. Gessner

Titelfoto (9)

mit freundlicher Genehmigung von Hubert Gloss, Stadtteilhistoriker, Frankfurt a.M.

Die übrigen Titelfotos sind Eigentum der jeweiligen Autoren.

Außerdem bei Uni**Scripta** erschienen

Kriminalromane (nach Erscheinungsdatum):

- **KALTHERZ** (Irmgard Schürgers, 2010)
  ISBN 978-3-942728-00-3
- **UNTERBELICHTET** (Peter Luyendyk, 2010)
  ISBN 978-3-942728-01-0
- **DER LETZTE BESUCHER** (Chris Böhm, 2011)
  ISBN 978-3-942728-02-7
- **IM KREIS DER ZWÖLF APOSTEL** (Wolfgang Ullrich)
  ISBN 978-3-942728-03-4
- **SOS – TOD AN BORD** (Karin Rödder, 2011)
  ISBN 978-3-942728-04-1
- **ALTLAST** (Gerhard Schrick, 2011)
  ISBN 978-3-942728-05-8
- **VERGESSENE KINDHEIT** (Monika Hoßfeld, 2011)
  ISBN 978-3-942728-06-5
- **TOD IN DER WETTERAU** (Jule Schwachhöfer, 2011)
  ISBN 978-3-942728-07-2
- **TODESKANZEL** (Astrid Hennies, 2013)
  ISBN 978-3-942728-10-2
- **OKTOBERNEBEL** (Erika Reichhardt, 2014)
  ISBN 978-3-942728-13-3
- **WER AUF RACHE AUS IST** (Jule Schwachhöfer, 2016)
  ISBN 978-3-942728-20-1
- **DER HARLEKIN (**Chris Böhm, 2017)
  ISBN 978-3-942728-22-5
- **DENN SIE WISSEN WAS SIE TUN** (I. Schürgers, 2017)
  ISBN 978-3-942728-21-8

Historischer Roman

- **DAS ENDE DES FEGEFEUERS** (W. Ullrich, 2015)
  ISBN 978-3-942728-18-8

UniScripta

Außerdem bei Uni**Scripta** erschienen

Kurzgeschichten

- **ZWISCHEN DEN WELTEN** (Peter Luyendyk, 2012)
  ISBN 978-3-942728-11-9
- **BIS AUF HEITERES** (W. Ullrich, G. Schrick, 2012)
  ISBN 978-3-942728-12-6
- **MANN-O-MANN, FRAU-O-FRAU** (Irmgard Schürgers, Peter Luyendyk)
  ISBN 978-3-942728-14-0
- **ODE AN DIE FREUDE** (Peter Luyendyk, 2015)
  ISBN 978-3-942728-19-5
- **MAIN HAUPTBAHNHOF** (10 UniScripta Autoren, 2014)
  ISBN 978-3-942728-16-4

Theater

- **SPIEL(e)ABEND** (Astrid Hennies, 2011)
  ISBN 978-3-942728-09-6

Lyrik

- **ÜBER EINEM ALBATROS** … (Gerhard Schrick, 2014)
  ISBN 978-3-942728-17-1

Kinderbuch (8-12 Jahre)

- **WENN DER ELEFANT BLINZELT…** (M. Hoßfeld)
  ISBN 978-3-942728-15-7

UniScripta

Herbert 29.
Heiner
Kiki